NICOLA BORELLO

I VALDESI IN ARMI

GUERRE E TATTICHE MILITARI DELLA RESISTENZA VALDESE NEL DUCATO DI SAVOIA DAL 1655 AL 1690.

STORIA

AUTORE

Nicola Borello è nato a Bovegno nel 1968. Laureato in scienze politiche, si occupa di diritti umani e sviluppo sostenibile. Ha al suo attivo diverse collaborazioni con organizzazioni internazionali e riviste di economia e politica internazionale, tra le quali Limes .E' un appassionato studioso di storia moderna e contemporanea.

I VALDESI IN ARMI Guerre e tattiche militari della resistenza valdese nel Ducato di Savoia dal 1655 al 1690.
di Nicola Borello
ISBN code: 9788893275323 Prima edizione Gennaio 2020
Code.: **SPS-057** Cover & Art Design: Luca S. Cristini & Anna Cristini
STORIA is a trademark of Luca Cristini Editore, via Orio 35/4 - 24050 Zanica (BG) ITALY. www.soldiershop.com

I VALDESI IN ARMI

GUERRE E TATTICHE MILITARI DELLA RESISTENZA VALDESE NEL DUCATO DI SAVOIA DAL 1655 AL 1690.

INDICE

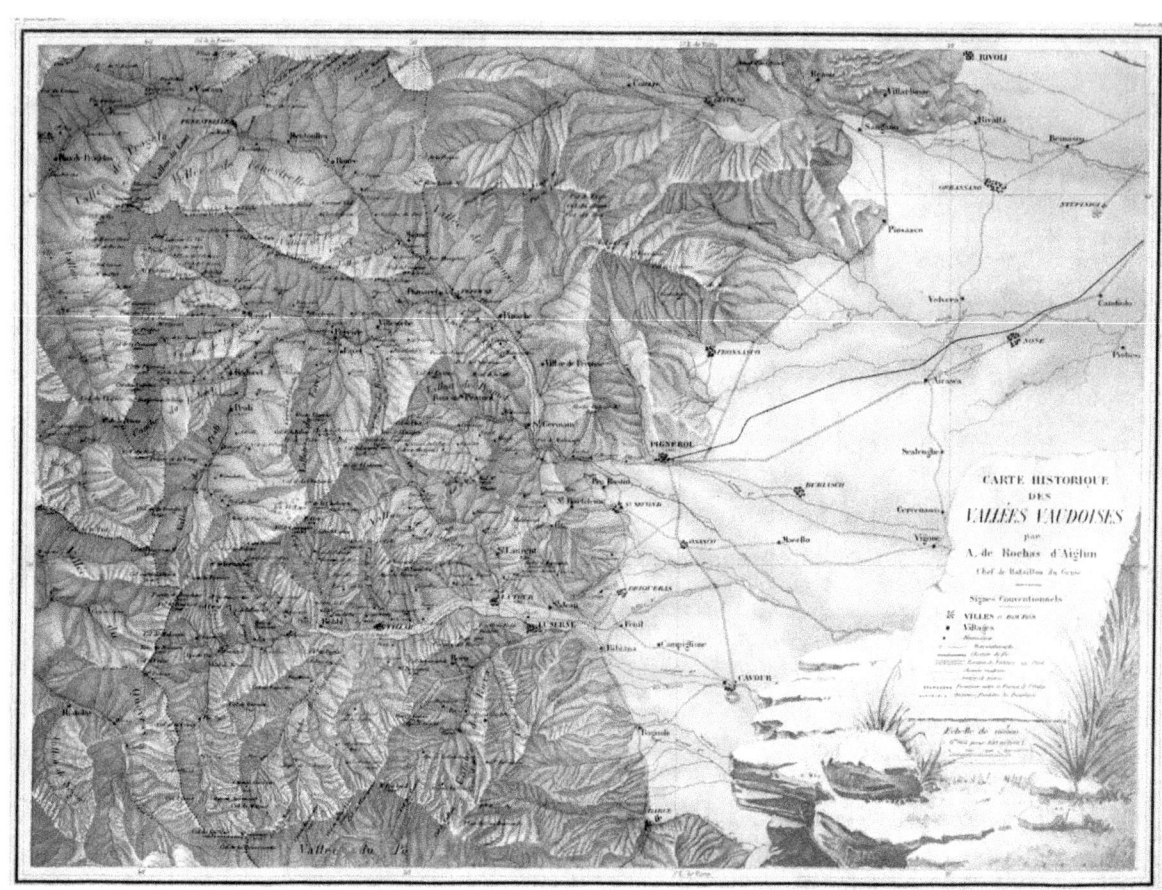

Mappa delle valli valdesi e circonvicine.

1 - I VALDESI: BREVI CENNI STORICI

I valdesi sono una comunità religiosa cristiana riformata, di origine pre luterano-calvinista. La sua fondazione avvenne infatti a Lione ad opera del teologo Peter Waldo nel 1173, ben prima della riforma propugnata da Martin Lutero e Giovanni Calvino. Accusati di eresia e oggetto di persecuzioni per la loro posizione antigerarchica nei confronti della chiesa cattolica, i valdesi trovarono un rifugio nel Delfinato, in Francia, e in alcune valli montane del Piemonte.

La comunità valdese non disponeva di alcuna autorità politica o religiosa suprema, concetto al quale erano anzi per loro indole avversi. Le decisioni più importanti venivano di solito prese da un consiglio (sinodo) con funzione di governo, di disciplina e di rappresentanza della comunità locale. I valdesi non disponevano neppure un esercito stabile, ma si aggregavano in nuclei di resistenza formati da volontari solo in caso di pericolo.

Nel 1532, i valdesi uscirono definitivamente dal mondo cattolico, aderendo alla Riforma Protestante e condividendo con i calvinisti gran parte dei contenuti chiave della propria fede. Lo strappo aumentò però le persecuzioni nei loro confronti, che a loro volta generarono un'ostinata resistenza da parte valdese, che prese anche la forma di lotta armata, finché nel 1561, con la pace di Cavour, i valdesi ottennero uno dei primi documenti ufficiali concessione di libertà religiosa nella storia europea occidentale. Veniva infatti riconosciuto il diritto di professare pubblicamente la religione riformata, solo limitatamente ad alcune parti delle valli, nelle cittadine di Perosa, Luserna e San Martino, poste rispettivamente nelle odierne valli Chisone, Pellice e Germanasca. Per quasi un secolo i valdesi godettero così di una relativa tranquillità, durante il quale rafforzarono i legami con le chiese riformate d'oltralpe.

Tra il 1655 e il 1686, contro i valdesi si scatenarono ondate di persecuzioni, a cui opposero una caparbia resistenza all'interno dei territori in cui si erano insediati, che ormai andavano oltre quelli originariamente permessi dalla pace di Cavour.
La resistenza si configurò come una serie intermittente di guerre civili, con esiti altalenanti per i valdesi. L'ultima persecuzione, quella del 1686, causò la diaspora di migliaia di valdesi verso i paesi protestanti in Svizzera, Germania e Olanda. Le ostilità ripresero nel 1689, quando i valdesi costituito un nuovo esercito sotto la guida del pastore Enrico arnaud e organizzarono il cosiddetto "Glorioso Rimpatrio", il ritorno dei valdesi nelle valli.
La lotta valdese per la riconquista delle loro valli alla fine risultò tanto determinata ed efficace da convincere Vittorio Amedeo II, il duca di Savoia, a concedergli definitivamente una certa forma di libertà religiosa e a reintegrarli come sudditi all'interno del Ducato di Savoia, in cambio del loro aiuto militare durante la guerra della Grande Alleanza (1689-1698), sia pure continuando a mantenere le valli in una condizione di ghetto.
La rivoluzione francese prima e Napoleone Bonaparte poi avrebbero portato infine all'emancipazione completa dei valdesi e degli ebrei in tutto il Regno di Sardegna. Acquistata la piena libertà giuridica nel 1848, durante il regno di Carlo Alberto di Savoia (vedi Statuto Albertino), la Chiesa Valdese si sviluppò e diffuse nel resto della penisola italiana, raggiungendo oggi i 25.000 fedeli divisi in 120 congregazioni. Sempre a partire dalla metà dell'ottocento i valdesi, in cerca di migliori opportunità economiche, lasciarono le Alpi Cozie seguendo i flussi migratori italiani verso l'America Latina, dove oggi la comunità conta circa 13.000 membri divisi in 45 congregazioni, e gli Stati Uniti, dove migliaia di valdesi sono in seguito confluiti nella chiesa presbiteriana.

JOSUE JANAVEL

Ritratto ottocentesco di Josue Janavel

2 - I PRINCIPALI PROTAGONISTI

Giosué Janavel

Quasi sconosciuto al di fuori della comunità religiosa valdese, Giosuè Janavel (1617-1690) è stato uno dei condottieri valdesi più brillanti e audaci del suo tempo. Chiamato il "Leone di Rorà", per il suo eroico comportamento durante la difesa di uno sperduto villaggio durante le Pasque Piemontesi del 1655, è considerato uno dei precursori delle moderne tattiche di guerriglia.

Janavel visse nel periodo più aspro delle persecuzioni contro i valdesi. Dotato di carisma, tenacia e capacità di leadership fu uno dei capi più brillanti della resistenza armata valdese contro il Ducato di Savoia.

Nato nel 1617, fino all'età di 38 anni, Janavel aveva vissuto come un tranquillo contadino, con la moglie e i suoi quattro figli a Vigne, sopra Luserna. Dopo l'editto che proibiva la presenza dei valdesi nei territori al di fuori delle aree loro assegnate, Janavel si era ritirato con la sua famiglia a Rorà, un villaggio di montagna di poche centinaia di anime, situato nell'omonima valle. Janavel era privo di un'istruzione militare formale, ma come tutti i montanari del luogo, era un uomo temprato dalla dura vita di montagna. Era probabilmente anche un abile cacciatore, avvezzo all'uso delle armi da fuoco e a muoversi con disinvoltura tra i boschi, gli scoscesi dirupi e i costoni rocciosi delle sue montagne, di cui sappiamo che era un perfetto conoscitore.

La sua vita ebbe una svolta radicale nel 1655, durante la reggenza di Cristina di Borbone di Francia, anche nota come la Madama Reale, la quale volendo estirpare l'eresia dai suoi domini incaricò il Marchese di Pianezza, un fanatico cattolico, di condurre una campagna militare contro la comunità religiosa valdese che popolava alcune valli delle Alpi occidentali e che era organizzata, de facto, in una sorta di stato autonomo all'interno del Ducato.

Dopo avere, con una scusa, obbligato i valdesi ad acquartierare le truppe sabaude nelle valli, il 24 aprile 1655, il marchese di Pianezza aveva dato inizio alle cosiddette "Pasque Piemontesi", un massacro della popolazione valdese delle valli di Luserna (oggi Pellice) e di Angrogna.

Informato dell'imminente arrivo di truppe ducali al villaggio di Rorà, con un pugno di valligiani, Janavel decise allora di organizzare una tenace resistenza che durò per alcuni giorni. Costretto alla fuga, riparò momentaneamente nella valle francese del Queyras, con uno dei suoi figli.

Sebbene a Rorà le truppe sabaude avessero preso prigioniere sua moglie e le sue tre figlie, minacciando di giustiziarle, Janavel decise di non piegarsi e di continuare la resistenza contro i ducali.

Il carisma e il coraggio dimostrato nella difesa di Rorà trasformarono presto Janavel in un "simbolo" della resistenza valdese, facendogli guadagnare i soprannomi di "Leone di Rorà" e di "Capitano delle Valli".

Uomo di media statura, volto abbronzato e aspetto da soldato, che portava sempre con sé un fucile, due pistole e un coltellaccio dalla lama larga e corta, Janavel era un uomo che incuteva rispetto.[1] Ritornato nelle Valli, il condottiero valdese divenne uno dei principali animatori della resistenza. Insieme a Bartolomeo Jahier, di cui divenne luogotenente, Janavel guidò una brillante guerriglia contro le forze sabaude, costringendole a subire la sua costante iniziativa. Nonostante questi successi, durante uno scontro il condottiero valdese riportò anche una gra-

---

1 Il primo ritratto di Gianavello del 1849, lo raffigura in uniforme militare dell'epoca, con casacca, capelli lunghi sormontati da un cappello tricorno e colubrina. In questo periodo. In questo periodo, l'eroe valdese viene descritto come un uomo di media statura, faccia abbronzata e aspetto marziale, che portava sempre con sé un fucile, e due pistole e un coltellaccio dalla lama larga e corta, tipico dei montanari.

ve ferita al petto, causata da un colpo di arma da fuoco e dovette astenersi dai combattimenti per qualche tempo.

Durante questo periodo, di fronte all'incerto andamento delle operazioni militari e all'impossibilità di giungere a una vittoria decisiva sui valdesi, le cui file continuavano ad aumentare, anche grazie al continuo afflusso di volontari provenienti dalla Francia, le forze ducali iniziarono a perdere determinazione. Iniziò così a farsi strada tra le parti l'idea di giungere ad un cessate il fuoco.

In seguito alle pressioni internazionali di alcuni paesi protestanti, principalmente dell'Inghilterra di Cromwell e della Repubblica Svizzera, il 18 agosto 1655, il Ducato di Savoia accettò di sospendere le operazioni militari contro i valdesi, concedendo a questi ultimi le cosiddette "patenti di grazia", con le quali veniva nuovamente riconosciuto loro il diritto di abitare e di esercitare il culto valdese nei limiti stabiliti dagli editti del 1561, si riconosceva il diritto di abitare, ma non di esercitare il culto valdese, in alcune altre zone fino ad allora occupate solo de facto dai valdesi e li si esentava per cinque anni dal pagamento delle imposte ducali e si liberavano i prigionieri.

Tuttavia, poiché le patenti crearono una situazione di pace armata tra le parti e con l'andare del tempo i soprusi e le violenze verso la popolazione valdese aumentarono di nuovo, nel 1658 Janavel riprese la lotta armata. Poiché, ancora una volta, non in grado di affrontare le truppe ducali in campo aperto, il condottiero valdese promosse contro di esse un'efficace guerriglia basata su rapidi colpi di mano, utilizzando la propria casa nella frazione di Vigne, sopra Luserna, come rifugio e quartier generale degli insorti.

I Savoia reagirono dichiarandolo "bandito" e condannandolo a morte, e finendo per porre sulla sua testa taglie sempre più elevate. Questo, però, non impedì al Leone di Rorà, nel giugno 1663, di ottenere una nuova importante vittoria contro un contingente sabaudo comandato dal marchese Francesco Giuseppe Villecardet, che frustrò definitivamente i tentativi dei ducali di occupare l'Angrogna.

Nel 1664 la popolazione valdese fu costretta ad accettare un nuovo trattato di pace con il Ducato di Savoia. Tra le condizioni per la pace vi era, però, la messa al bando di Giosué Janavel e dei suoi principali collaboratori.

Janavel venne quindi sconfessato da un sinodo valdese e, per evitare la cattura, fu costretto a rifugiarsi a Ginevra. In questa città trovò, comunque, numerosi appoggi, ricevendo anche qualche aiuto economico, almeno inizialmente, ma poi riuscì a mantenersi da solo lavorando come oste, commerciando vino, figura che in Svizzera all'epoca aveva però spesso anche un ruolo di rappresentanza diplomatica. Sebbene gli venne offerta dai cantoni svizzeri una pensione, per non gravare sulle collette in favore delle valli, Janavel per lungo tempo la rifiutò. La richiese solo a partire dal 1682, quando non fu più in grado di sostentarsi con i propri mezzi.

A Ginevra - dove visse probabilmente con la moglie e, per un breve periodo anche con il figlio maschio, il quale tornò in val Pellice nel 1667 - mantenne sempre contatti con la sua comunità d'origine e ne seguì le vicende politiche.

A partire dal 1686, quando una nuova ondata di persecuzioni fece giungere a Ginevra una grande quantità di profughi valdesi, Janavel, nonostante la sua ormai avanzata età, cercò comunque di continuare ad essere un punto di riferimento, prodigandosi per aiutarli e contribuendo all'organizzazione di una spedizione militare con il compito di riconquistare le valli, che ebbe luogo tra il 1689 e il 1690 e che sarebbe in seguito stata ricordata come il "Glorioso Rimpatrio".

Per i membri di questa spedizione, che venne finanziata dal re d'Inghilterra Guglielmo III d'Orange e dai Paesi Bassi, Janavel scrisse le "Istruzioni militari".

Oltre che un testo di grande fascino e interesse religioso, le Istruzioni militari rappresentano il primo manuale di guerriglia europeo della storia. Janavel inserì nelle Istruzioni tutto il suo sapere bellico, comprese ingegnose astuzie tattiche da attuarsi in battaglia, alcune delle quali anche piuttosto bizzarre, come ad esempio l'uso della svirota, una giostra di legno ruotante su un perno, che situata su un'altura e fatta girare rapidamente con sopra alcuni ragazzi aveva lo scopo di ingannare il nemico per fargli credere che stessero giungendo sul campo di battaglia rinforzi consistenti. Inoltre, tra le varie innovazioni tattiche introdotte da Janavel si ricordano: il bersagliamento dei nemici mediante l'utilizzo di frombole associato a quello di archibugi a miccia; l'ingaggio di grosse formazioni militari mediante l'utilizzo di piccoli gruppi di tiratori in grado di operare in modo flessibile e autonomo da posizioni di vantaggio; la prescrizione ai comandanti di non utilizzare in battaglia abiti belli e identificabili, ma di cambiarli e indossare quelli più brutti a disposizione, in modo da confondersi con il resto della truppa; la pratica di sparare prima di ogni cosa agli ufficiali nemici, in modo da creare paralisi nelle catene di comando avversarie e far saltare così i rigidi schemi militari utilizzati dalle truppe d'ordinanza dell'epoca.

Ma il principale insegnamento di Janavel fu probabilmente quello di essere riuscito a dimostrare sul campo che pochi uomini, anche approssimativamente armati, in determinate condizioni ambientali, terreni boscosi e accidentati, con pendii scoscesi e stretti passaggi, erano in grado di fermare eserciti molto più consistenti e organizzati, ma non avvezzi a combattere in quelle condizioni ambientali.

Ormai troppo vecchio e in cattive condizioni di salute, il condottiero decise, però, di non seguire il gruppo e rimase a Ginevra, dove morì il 5 marzo 1690, per un edema generato da cause ignote.

Enrico Arnaud

Enrico Arnaud era nato a Embrun nel 1641 in una famiglia appartenente all'aristocrazia ugonotta di provincia. Per sfuggire alle persecuzioni, nel 1650 con la sua famiglia emigrò nelle valli valdesi. Tra il 1662 e il 1664 intraprese studi teologici a Basilea, poi in Olanda e all'Accademia di Ginevra. Rientrato in seguito nelle valli, a partire dal 1670 esercitò il ministero pastorale.

Nel 1686, mentre era pastore a Torre, sebbene padre di famiglia con numerosa prole, Arnaud non esitò a sostenere la causa della resistenza armata. Durante il conflitto combatté con valore contro le forze francesi, distinguendosi a San Giovanni. Piegata la resistenza dei valdese, Arnaud preferì prendere la via dell'esilio, riuscendo prima a riparare a Ginevra e poi a Neuchâtel.

Mentre Arbaud riusciva a riparare in Svizzera, i valdesi rimasti nelle valli venivano sottoposti a massacri e rastrellamenti, e in seguito costretti a migliaia a morire di fame e stenti in prigionia, finché Vittorio Amedeo II, nel gennaio 1687, concesse ai superstiti la possibilità di raggiungere la Svizzera.

In Svizzera, il pastore valdese fece il possibile per aiutare i profughi, generosamente accolti dagli svizzeri, che cercarono poi di smistarli in diverse località della Germania, dove si sperava di sistemarli come agricoltori. Tuttavia, la guerra nel frattempo scoppiata nel Palatinato e la difficoltà di installarsi in alcune regioni della Germania, fecero abortire questo progetto.

Poiché i valdesi continuavano ad essere estremamente attaccati alla loro patria e continuavano a male adattarsi alla nuova situazione, nell'estate 1688, Arnaud organizzò una prima spedizione armata nelle valli, che non ebbe però successo.

Fallito il tentativo, Arnaud iniziò subito a cercare appoggi nei Paesi Bassi e Inghilterra per organizzare una nuova spedizione, il cui comando formale venne però affidato, almeno inizialmente, a Turel, un ufficiale ugonotto. Durante l'estate del 1689, completati i preparativi della nuova spedizione, il pastore valdese attraversò il lago Lemano insieme a un migliaio di uomini armati e sbarcò a Prangins, sulla sponda savoiarda del lago. Dopo aver compiuto una dura marcia di parecchi giorni attraverso la Savoia e il Delfinato, e alcuni aspri combattimenti con le truppe franco-piemontesi, Arnaud e gli altri membri della spedizione giunsero nelle valli valdesi.

Una volta entrata nelle valli, per alcuni mesi la spedizione impegnò le forze francesi e ducali in una sanguinosa guerriglia. Rimasto l'unico leader della spedizione dopo la defezione di Turel e di gran parte dei combattenti ugonotti al suo seguito e circondato dalle forze franco-ducali, Arnaud fece arroccare i suoi uomini alla Balsiglia, uno sperone di roccia naturale su cui i valdesi costruirono un campo trincerato. Assediati dai francesi del generale Catinat, Arnaud e i suoi uomini riuscirono però a resistere fino al maggio 1690, quando ormai impossibilitati a tenere le posizioni vennero costretti alla fuga. Inseguiti dai francesi, poterono però sfruttare l'improvviso cambio di alleanza del Duca Vittorio Amedeo II - adesso schierato con la Lega d'Augusta, contro Luigi XIV- e collaborare con questo alla guerra contro i francesi.

Fu in questo modo che i valdesi guidati da Arnaud poterono rientrare nelle proprie valli e ottenere un nuovo editto (nel 1694) che riconosceva loro la libertà di esercitare il proprio culto. Durante la Guerra della Grande Alleanza, Arnaud continuò ad esercitare il comando delle forze valdesi. Nel 1698, Vittorio Amedeo II chiuse le ostilità con la Francia siglando un trattato di pace con Luigi XIV. In base a questo trattato, il Ducato di Savoia ottenne Pinerolo e la val Perosa, ma dovette però impegnarsi ad operare una dolorosa espulsione degli ugonotti francesi dai suoi territori, compresi gli oriundi.

Nonostante i servizi resi, anche Arnaud, in quanto nativo di Embrun, dovette lasciare il ducato e riparare ancora una volta in Svizzera. Andò in Inghilterra per chiedere aiuti a Guglielmo III e si adoperò per ricollocare i nuovi esuli nell'Assia e nel Württemberg, dove i valdesi fondarono alcuni villaggi, ancora oggi esistenti, quali: Villar, Pinasca e Perosa. Lo stesso Arnaud divenne pastore a Schönenberg (Württemberg), da dove, però, ripartì più volte per viaggi in altri paesi. Durante la guerra di successione spagnola, nel 1704, fece una breve ricomparsa nelle valli valdesi, ma è certo che nel 1707 fece ritorno a Schönenberg. Nel 1716, il pastore valdese, ormai avanti con l'età, cercò di sollecitare una pensione di colonnello dal nuovo re d'Inghilterra Giorgio I. Si spense a Schönenberg nel 1721, a 80 anni d'età.

Carlo Emanuele Giacinto di Simiana marchese di Pianezza

Spesso indicato dalle fonti storiche con l'abbreviativo di Marchese di Pianezza, Carlo Emanuele Giacinto di Simiana marchese di Pianezza era nato a Torino nel 1608, da un'antica nobile famiglia provenzale, da parte paterna, e da quella Savoia da parte materna.

Assurto ai più alti livelli della corte sabauda durante la lunga reggenza di Cristina di Borbone era uomo di carattere rigido, chiuso e ombroso, di aspetto serio ed emaciato e animato da un forte fanatismo religioso. La sua infanzia era stata segnata dalla prematura morte del padre, giustiziato per tradimento, prima della sua nascita.

Nel 1630, si sposò con Giovanna Arborio Gattinara, appartenente ad una delle famiglie dell'alta nobiltà piemontese, con la quale ebbe due figli e tre figlie.

Nel 1632 ottenne il suo primo incarico politico come ambasciatore a Vienna, presso l'imperatore Ferdinando II, per concordare la cessione della parte di Monferrato ottenuta con il trattato di Cherasco. In seguito, fece parte del Consiglio ducale, iniziando anche la carriera militare, sotto il comando del marchese Guido Villa, generale della cavalleria. Nel 1634 acquistò anche il feudo di Livorno, nel Vercellese, dal principe Eggemberg Ehrehausen.

A partire dalla morte di del Duca Vittorio Amedeo I (7 ottobre 1637), Cristina di Borbone, reggente per il figlio, iniziò ad assegnargli incarichi sempre più rilevanti, proiettandolo ai più alti livelli di governo.

CARLO EMANVEL FILIBERTO DE SIMIANO MARCHESE DI PIANEẞA & GENERALE DELLA FANTERIA CAMMA-RIER MAGGIORE, PRIMO MINISTRO DI STATO DI SVA REAL ALTEẞA DI SAVOIA, &

Nel 1639, Pianezza assurse al titolo di luogotenente generale "di qua da' monti", ricoprendo l'anno successivo la carica di primo ministro e, in seguito, quella di Gran Ciambellano.

Nel 1650, Pianezza istituì il Consiglio per *l'augmentazione et conservatione della Catholica fede*, un organo guidato de facto da lui stesso, che iniziò una vasta opera di conversione degli eretici presenti nei territori del ducato.

Fu in questo contesto maturarono le cosiddette "Pasque Piemontesi", un piano volto ad estirpare la presenza protestante dalle valli popolate dalla comunità valdese e che portò allo sterminio della stessa.

A partire dall'aprile 1655, Pianezza condusse personalmente le operazioni militari contro questa comunità, che portarono al massacro di una larga parte della popolazione delle valli.

Le operazioni militari non conseguirono però gli effetti sperati, a causa della fiera resistenza dei valdesi, protraendosi fino all'agosto 1655, fino a quando gli interventi delle diplomazie Svizzera e Inglese riuscirono a porre fine al conflitto e ristabilire la pratica del culto valdese entro i confini già concessi dal trattato del 1561.

Raggiunti i 59 anni Pianezza si ritirò in un convento, non prima però di aver passato la carica di Gran Ciambellano al figlio Carlo Giovan Battista. In seguito cedette al figlio anche l'amministrazione del feudo di Montafia, acquistato sin dal 1655, che sarebbe stato eretto in principato indipendente da papa Clemente X nel 1672.

Dopo il cattivo esito della guerra contro la Repubblica di Genova e in seguito alla fuga del figlio, nel settembre 1674 Pianezza venne arrestato e tenuto in stato di detenzione fino all'inizio del 1677. Tuttavia, ormai provato dalla prigionia e in cattive condizioni di salute, morì a Torino nella casa della Missione nella notte tra il 2 e il 3 giugno dello stesso anno.

Nicolas de Catinat de La Fauconnerie

Nicolas de Catinat era nato a Parigi nel 1637 da una famiglia appartenente alla piccola nobiltà di provincia. In gioventù aveva per un certo periodo abbracciato la professione giuridica, che era però presto stata lasciata per quella militare. La sua carriera militare Catinat l'aveva iniziata nella guardia francese, un reparto di fanteria d'élite destinato alla guardia del re ed alla difesa di Parigi, da dove avrebbe presto scalato tutti i livelli di comando fino a raggiungerne i massimi gradi della gerarchia militare.

Uno dei più grandi strateghi del suo periodo, Catinat divenne tristemente noto per la spietatezza con cui conduceva le sue campagne militari, devastando i territori nei quali passavano le sue armate, ma anche per la precisione scrupolosa con cui preparava i movimenti delle truppe.

I reparti sotto il suo comando erano addestrati a sopportare passivamente il fuoco nemico fino a che non avessero serrato le distanze, in formazione compatta, per poi scaricare tutta la loro potenza di fuoco a distanza ravvicinata sulle truppe avversarie e avventarsi su di esse.

Tra il 1676 e il 1678 Catinat aveva partecipato alla guerra nei Paesi Bassi, distinguendosi nel 1677 durante l'assedio di Lille. Nel maggio 1679, con il grado di capitano, era stato lui a comandare il distaccamento che vicino a Torino aveva rapito il conte Ercole Mattioli, segretario di stato del duca di Mantova Ferdinando Carlo di Gonzaga-Nevers, sospettato di aver fatto il doppio gioco nella trattativa segreta per la cessione di Casale alla Francia.

Dopo l'abrogazione dell'editto di Nantes, con il grado di Maresciallo di campo, nel 1686 Catinat combatté in Italia a fianco delle truppe dei Savoia nelle campagne di persecuzione contro i Valdesi. Nel 1690, durante il Glorioso rimpatrio", alla testa di un esercito forte di 4.000 uomini, tornò sulle stesse montagne, assediando nuovamente gli ultimi 370 valdesi asserragliati alla Balsiglia, ma venne respinto.

Luogotenente generale dell'armata d'Italia durante la guerra della Lega d'Augusta, Catinat vinse Vittorio Amedeo II a Staffarda (1690), conquistò Nizza e la gran parte della Savoia transalpina e distrusse molte città piemontesi, mettendo le campagne a ferro e fuoco, e battendo nuovamente Vittorio Amedeo II alla Marsaglia (1693). In quest'ultima battaglia, il generale francese si distinse per essere stato il primo ad applicare la tecnica dell'assalto alla baionetta su larga scala in un grande scontro campale.

Durante la guerra di successione spagnola, tornato in Italia al comando di un esercito franco-ispanico-sabaudo, Catinat subì una sconfitta a Carpi (1701), dal principe Eugenio di Savoia. A causa di questo rovescio venne sostituito dal generale Villeroy, del quale divenne ufficiale in seconda, partecipando come tale alla battaglia di Chiari, anch'essa terminata con una sconfitta per le armi francesi. Abbandonato il mestiere delle armi si ritirò a vita privata nel suo castello di Saint-Gratien, dove trascorse gli ultimi anni della sua vita rifuggendo la vita di corte.

Bartolomeo Jahier

Nonostante insieme a Giosué Janavel, Bartolomeo Jahier sia riconosciuto come uno degli uomini chiave della resistenza valdese durante le Pasque Piemontesi, si conosce molto poco della sua vita. Di lui si sa che era nativo di Pramollo. Durante le Pasque Piemontesi, Jahier si distinse per il suo coraggio e leadership nella difesa di Torre e per la resistenza in Val San Martino, divenendo successivamente uno dei principali leader della resistenza valdese, costituendo intorno a sé un nucleo compatto di armati che, rinforzato dagli uomini di Giosué Janavel, con il passare delle settimane prese la forma di un vero e proprio esercito di liberazione.
Dal 15 maggio 1655, Bartolomeo Jahier venne nominato comandante delle forze valdesi, mentre Josuè Janavel veniva nominato suo vice. Jahier combatté sempre al fianco di suo fratello minore Jacques, tanto che il tribunale di Torino mise una taglia di 600 ducati su entrambi, mentre su Janavel ne venne emessa una più ridotta, di 300 ducati.
La sua vita fu però spezzata precocemente, tradito da un suo compagno di lotta, morì insieme a cinquanta suoi compagni, durante un'imboscata tesagli dalle truppe ducali nei pressi del villaggio di Osasco, il 27 maggio 1655.
Il pastore Jean Léger lo ricordò così: *"grande capitano, sicuramente degno di memoria, soprattutto perché ha sempre dimostrato grande zelo per il servizio di Dio e il sostegno della propria tesi, [...], con il coraggio di un leone e per quanto umile come un agnello, [ebbe] sempre fatte a Dio tutte le lodi delle sue vittorie, estremamente ben versato nelle Scritture, nell'ascoltare perfettamente le polemiche e uomo di grande spirito."*.

La Giavanella, casa natale di Josue Janavel nella localita Vigne del comune di Rorà nelle valli valdesi.

Moschettieri di fanteria francese 1660 circa

3. STRUTTURA E CONSISTENZA DEGLI ESERCITI FRANCESE, SABAUDO E VALDESE DEL '600

3.1 L'esercito francese

Il regno di Luigi XIV fu caratterizzato dalla partecipazione della Francia a numerosi grandi conflitti, che obbligarono Luigi XIV a mobilitare armate per lunghi periodi di tempo, drenando le risorse dello stato. I più importanti di questi conflitti furono: la Guerra dei trent'anni (1635-1648); il Conflitto anglo-spagnolo (1635-1659), la Guerra di devoluzione (1667-1668), la ripresa delle persecuzioni degli ugonotti, a seguito dell'editto di Fontainebleau del 1685, la Guerra dei nove anni (1688-1697) e, infine, la Guerra di successione spagnola (1701-1715).

Alla morte del cardinale Mazarino, avvenuta nel 1661, l'ormai ventitreenne Luigi XIV, il "Re Sole", iniziò a governare il paese in prima persona, senza nominare un primo ministro. Il sovrano di Francia ereditò un esercito considerevole, all'epoca già ritenuto la macchina da guerra più grande al mondo, ma eterogeneo e disordinato.

Come molti eserciti delle altre potenze dell'epoca, quello francese era composto da forze mercenarie, unità della guardia reale, milizie locali e coscritti di leva, questi ultimi esclusivamente reclutati in caso di guerra.[2]

Per acquistare il diretto controllo su questo esercito, come primo atto lui abolì la carica di colonnello generale della fanteria, assumendo il comando delle forze armate.

Quindi si pose l'obiettivo di portare nell'esercito ordine, disciplina e lealtà assoluta alla monarchia.[3]

Consapevole che questo avrebbe potuto avvenire solo con una profonda riforma, promosse, con l'aiuto del giovanissimo ministro della guerra François-Michel Le Tellier de Louvois, promosse una riforma radicale dell'organizzazione dell'esercito. La creazione di un sistema di gradi moderno gettò le basi per la costituzione di un esercito. Sempre guidato dall'aristocrazia, ma prevalentemente nazionale nella sua essenza. Per quanto riguarda la fanteria, che costituiva il grosso dell'esercito francese, infatti, soldati e ufficiali che dovevano essere nati e cresciuti in Francia ed essere di fede cattolica romana, la religione ufficiale di stato.

Il reclutamento della nobiltà fu un compito piuttosto facile, poiché all'epoca la carriera militare era considerata una professione di grande prestigio dalla nobiltà francese, a cui erano riservati i posti di comando più elevati. Un giovane nobile che intendeva fare carriera militare poteva infatti entrare nell'esercito come cadetto, con il grado di Enseigne (equivalente al grado italiano odierno di sottotenente) ossia il grado più basso tra gli ufficiali. I colonnelli comandavano, e quasi sempre possedevano i reggimenti, che prendevano il loro nome. Come in altri paesi europei, gli ufficiali dovevano acquistare i propri comandi. Il re si faceva carico del pagamento del soldo, ma cibo, uniformi, armi, cavalli, ecc. erano a carico del colonnello.

Per quanto riguarda il reclutamento dei soldati, il sistema più comune, anche nei periodi di guerra, era il *recolage*. Ossia una sorta di campagna di reclutamento che veniva effettuata dietro permesso delle autorità locali da gruppi di reclutatori specializzati che vagavano per città e villaggi. Il reclutamento, in teoria, era volontario e non avveniva mai tramite contatti personali degli ufficiali. I reclutatori attiravano i candidati offrendo loro liquori e paventando la possibilità di ottenere vino, guadagni economici, donne, gloria e belle uniformi. Tuttavia, non mancavano gli abusi, poiché i reclutatori non disdegnavano di ricorrere all'inganno o alla violenza per attrarre le potenziali reclute, ubriacandole o prelevandole con la forza all'uscita

---

2   Renè Chartrand, Louis XIV's army, London, Osprey publishing, 1988. Pag. 8-10.
3   Ibid. Pag. 7-8.

dalle chiese e dalle proprie abitazioni.[4]

Al fianco della fanteria regolare rimasero le unità mercenarie, principalmente svizzere e tedesche, distinte per aree di provenienza. Sebbene rappresentassero una forza secondaria, in tempo di guerra, a seconda dei periodi, arrivarono a costituire anche il 20 percento del totale della fanteria francese. [5]

Nel 1670, prima al mondo, la Francia introdusse un'uniforme per le proprie truppe, di colore grigio-bianco, mentre alle truppe mercenarie continuò a venire lasciata la libertà di utilizzare uniformi colorate in modo diverso. Ad esempio, i reggimenti irlandesi e svizzeri indossavano uniformi rosse.

La fanteria regolare e le truppe mercenarie erano inoltre affiancate da un sistema di milizie locali, non ben armate e di scarsa efficienza e affidabilità, utili soprattutto come forze di difesa territoriale e a scopi repressivi interni, come ad esempio contro gli ugonotti. Luigi XIV si prodigò anche per aumentare gli effettivi del suo esercito, che all'inizio del suo regno (1643) consisteva in 70.000 uomini, fino a fargli acquisire dimensioni gigantesche per l'epoca.[6] Questo fu possibile grazie al fatto che a quei tempi la Francia disponeva di una popolazione particolarmente numerosa. Con i suoi 22 milioni di abitanti, infatti, la Francia era di gran lunga il paese più popoloso d'Europa, specialmente se si considera che il Sacro Romano Impero non aveva più di 15 milioni di abitanti, la Russia 14, la Spagna 8, l'Inghilterra 5, la Svezia 2, l'Olanda meno di 2 e il ducato di Savoia poco più di un milione.

Moschettiere di fanteria francese 1660 circa

Come conseguenza dell'ampliamento degli organici dell'esercito, aumentò anche il numero di reggimenti di fanteria, che costituivano il grosso delle armate durante le campagne militari. Se nel 1635, sotto Luigi XIII i reggimenti permanenti erano 22, Sotto Luigi XIV i reggimenti di fanteria passarono a 49, fino a toccare i 104, nel momento di massimo sforzo durante la guerra in Olanda, nel 1665. Questo numero sarebbe poi ulteriormente cresciuto fino a raggiungere i 126 reggimenti di fanteria regolare e 35 di milizia locale nel 1691, durante la Guerra dei sette

---

4   Ibid. Pag. 30.
5   Renè Chartrand, Louis XIV's army. Op. Cit. Pag. 11.
6   Gli effettivi dell'esercito francese avrebbero toccato i 280.000 uomini verso la fine della guerra d'Olanda (1672-1678), per poi scendere a 150.000 uomini, dopo la fine di questo conflitto. Avrebbero poi toccato un nuovo picco di 420.000 uomini, durante la guerra dei nove anni (1688-1697), e una ridiscesa a 288.000 nel periodo immediatamente successivo, con una nuova espansione durante la guerra di successione spagnola. Renè Chartrand, Louis XIV's army, London, Osprey publishing, 1988. Op. Cit. Pag. 11. John A. Lynn, Giant of the Grand Siècle: The French Army, 1610-1715. Op. Cit. Pag. 50.

anni. Nel 1696, verso il termine di questa guerra, i reggimenti di fanteria regolare e della milizia avrebbero raggiunto rispettivamente il numero di 213 e 44.

In questo periodo, i reggimenti di fanteria francesi erano di dimensioni variabili, da uno o più battaglioni. I reggimenti più anziani o quelli che avevano il re quale colonnello erano composti da più battaglioni, ma la maggior parte era costituita da uno solo. I battaglioni erano a loro volta composti da un numero variabile di compagnie, di solito da due a 20. Ciascuna compagnia, inoltre, era composta da un numero variabile di uomini, di solito 45-50, anche se non mancavano le eccezioni. Le compagnie svizzere, ad esempio, erano formate da 200 uomini ciascuna, anche se di solito i battaglioni disponevano di un numero ridotto di compagnie[7].

Oltre alle uniformi militari, in precedenza assenti, Louvois introdusse nell'esercito francese l'uso della baionetta, che sarebbe stata utilizzata per la prima volta in una grande battaglia proprio dai francesi, contro le truppe ispano-piemontesi, durante la battaglia della Marsaglia (1693). Louvois introdusse inoltre il fucile a pietra focaia – arma più sicura, meno sensibile all'acqua e all'umido, e soprattutto che permetteva una maggiore celerità di tiro rispetto ai tradizionali archibugi a miccia – anche se con maggior lentezza rispetto a paesi come l'Olanda e alle altre potenze protestanti del Nord Europa.[8] [9]

Nel 1667, sempre nei reggimenti di fanteria d'ordinanza, Louvois introdusse quattro granatieri per ciascuna compagnia, numero che presto venne portato a sei. Per aumentare l'efficacia della specialità, nel 1670 i granatieri vennero raggruppati in una speciale compagnia all'interno di ciascun battaglione. Questo significò che, a seconda del numero di battaglioni di cui era costituito il reggimento, questo poteva disporre da una a quattro compagnie di granatieri.

Intorno al 1678, i granatieri francesi abbandonarono la loro funzione primaria di lanciatori di granate, ricevendo in dotazione anche un moschetto. Originariamente scelti tra i soldati più coraggiosi e decisi, in un mondo dominato da malnutrizione e rachitismo diffuso, i granatieri iniziarono anche ad essere scelti sempre più per il loro buon aspetto e per l'altezza, divenendo sempre più sinonimo di fanteria d'élite. A partire dal 1692, il loro uso si diffuse in tutti i reggimenti francesi. Nel 1685 fu emanata una ordinanza che prescriveva specifici colori per le uniformi dei reggimenti: il blu-azzurro per le guardie e i reggimenti reali, il rosso per quelli svizzeri e il grigio-bianco per quelli della fanteria regolare francese. Nel 1690, venne prescritto il colore dei risvolti delle maniche e della fodera interna della marsina o "giustacorpo". Tuttavia, sebbene la standardizzazione delle uniformi era già in atto durante la guerra dei nove anni, per avere in realtà un primo regolamento dettagliato sulle uniformi occorrerà attendere il 1704. I singoli reggimenti si distinguevano principalmente dal colore dei paramani (alti e vistosi), dal colore del gilet (che era del tipo manicato), dei calzoni e delle calze (chiamate calzetti) ed infine dai bottoni, che potevano essere d'ottone o di stagno.

Tutte le uniformi, che fossero della fanteria o della cavalleria, erano completate da un cappello a tricorno, tranne quella dei corazzieri, che indossavano un elmo, e dei dragoni, che portavano un più pratico berretto floscio, che era chiamato "bonet". Ufficiali e soldati indossavano calzamaglie e scarpe, ad eccezione degli ufficiali a cavallo e dei corpi montati, come i corazzieri e la cavalleria leggera, ai quali venivano fatti calzare stivali. I dragoni indossavano invece scarpe con gambali di cuoio che si allargavano nella parte superiore a formare delle ginocchiere. Questo accessorio, che era chiamato "bottina", risultava per i dragoni – una volta smontati da cavallo - più aderente e pratico degli stivaloni al ginocchio utilizzati dalla comune cavalleria. Inoltre, contrariamente all'esercito del ducato di Savoia, che già dal 1685 aveva abolito la

7   Renè Chartrand, Louis XIV's army. Op. Cit. Pag. 17.
8   Lynn, John A., The French Wars 1667-1714, London, Bloomsbury Publishing, 2014.
9   Cerino-Badone Giovanni, Il piccolo grande gioco: i valdesi alla Balsiglia, in AA.VV. Université de Savoie, La montagne Pouvoir et conflicts de la antiquité, numero 18, settembre 2011, Chambery, Université de Savoie. Pag. 160.

specialità dei picchieri, la fanteria francese, in quasi tutti i teatri operativi, continuò ad essere armata con moschetti e picche per tutta la parte finale del XVII secolo.

Nell'aprile 1653, una ordinanza reale prescriveva che, come regola, ciascuna compagnia dovesse essere composta per 1/3 da picchieri, armati di picche lunghe 5,5 metri, e 2/3 da moschettieri, perlopiù armati con armi a miccia. Nella realtà, però, le percentuali di picchieri erano spesso più alte.[10] Ancora nel 1690, una compagnia formata da 52 uomini poteva avere al suo interno 10 picchieri e solo 40 fanti armati con moschetti.[11]

Solo nel 1700, a seguito della diffusione della baionetta, il moschetto rimpiazzò definitivamente la picca come arma standard della fanteria.

Occorre dire, tuttavia, che, specialmente a partire dalla seconda metà del XVII secolo, nella realtà i francesi utilizzavano i picchieri solo all'occorrenza, su terreni pianeggianti e dove c'era da contrastare cariche di cavalleria; altrimenti non si facevano scrupolo di lasciare le picche e i picchieri nelle armerie delle piazzeforti.

Moschettiere e sergente dei picchieri francesi 1660 circa

Ad esempio, il reggimento piemontese Carignano-Saliers,[12] ceduto dai Savoia alla Francia a Luigi XIV e da lui scelto per difendere gli insediamenti dei coloni francesi nelle Americhe dagli attacchi degli irochesi, prima di imbarcarsi a La Rochelle nel 1666 portò con sé solo fucili e spade, lasciando le picche in Francia, poiché sarebbero state di scarsa utilità nelle foreste americane. Anche durante la spedizione contro i valdesi del 1690, i reggimenti francesi lasciarono i picchieri a Pinerolo, in quanto ritenuti inutili nella guerra in montagna.[13]

Per quanto è dato sapere, la logistica nell'esercito francese era piuttosto curata ed efficiente, almeno per quanto riguarda la fornitura di armamenti, e le truppe erano sempre ben rifornite di armi, polvere, pallottole ed eventuale materiale d'assedio. Tuttavia, come comune all'epoca, durante le campagne militari le truppe erano spesso costrette a rifornirsi di cibo, denaro e foraggio razziando i territori in cui passavano.[14]

Il soldato francese si distingueva per essere disciplinato, obbediente e animato da un forte

10   Louis XIV's army. Op. Cit. Pag. 17-18.
11   Giovanni Cerino Badone, Il piccolo grande gioco: i valdesi alla Basiglia. Op. Cit. pag. Pag. 160.
12   Questo reggimento, che nel 1655 aveva partecipato alle guerre contro i valdesi, lo stesso anno era stato ceduto alla Francia.
13   Altri eserciti continuarono ad usare i picchieri ancora per un po', come ad esempio la Svezia, che li mantenne fino al 1720, e la Russia. Ma la maggior parte dei paesi europei ne abbandonò l'uso prima.
14   John A. Lynn, Giant of the Grand Siècle: The French Army, 1610-1715, Cambridge University Press, Cambridge, 1997. Pag. 211.

Generale francese 1660 circa

spirito di corpo, che spesso degenerava in duelli e contese tra i membri dei diversi reparti, ma anche dedito agli eccessi. In patria, ogni trasgressione veniva repressa con severità, ma durante le campagne militari stupri, saccheggi e massacri di civili venivano addirittura incoraggiati, soprattutto contro i protestanti, nei confronti dei quali si fomentava un odio particolarmente feroce.

Per quanto riguarda le tattiche e la mentalità militare dell'epoca, queste vengono così descritte dal maresciallo Catinat, che combatté contro valdesi nel 1686 e nel 1690: "Si prepara il soldato a non aprire il fuoco e a capire che è necessario esporsi al fuoco nemico, e attendere che il nemico sia sicuramente sconfitto dopo che si sia ricevuto al completo il suo fuoco". Nel XVII secolo la cultura militare si basava, infatti, più sulla pazienza e la capacità di mantenere il controllo davanti al pericolo e al caos della battaglia che sull'impeto. Agli ufficiali spettava il compito di mantenere la coesione e la guida dei ranghi, mentre i soldati venivano addestrati ad obbedire agli ufficiali come automi e, anche davanti al pericolo, ad essere manovrati come un sol uomo all'interno delle loro compagnie, dei battaglioni e delle brigate.

Per quanto riguarda invece le artiglierie, durante tutto il XVII secolo rimasero ancora poco sviluppate. Il loro ruolo sul campo di battaglia continuò a rimanere secondario, tanto che agli artiglieri non venne ancora assegnato uno status distinto rispetto ai fanti e rimasero soldati di fanteria che durante le campagne militari venivano temporaneamente assegnati a unità di artiglieria, sotto il comando di un ufficiale di rango elevato, chiamato grande maestro dell'artiglieria.

Sul finire del XVII secolo, però, anche in questo campo iniziò una trasformazione. Nel 1671, con lo scopo di proteggere i cannonieri e servire e riparare i cannoni, venne creato il reggimento dei fucilieri del re. Nel 1684, da questo esempio nacque il reggimento dei bombardieri reali, specializzato nella gestione di mortai e cannoni d'assedio. Negli anni successivi, sarebbe seguita la costituzione del reggimento d'Artiglieria Reale (1694) e quello dei Cannonieri della Costa dell'Oceano (1702), un'unità di artiglieria costiera.[15]

In questo periodo le artiglierie rimasero comunque ancora rudimentali, poco maneggevoli e affidabili. Cannoni e mortai erano in genere forgiati in ottone sui quali venivano apposte ricche decorazioni, mentre i carri adibiti al loro trasporto erano di solito colorati di rosso con

15   Lepage Jean Denis G.G., French military under Louis XIV and illustrated history of fortifications and strategies, Jackson, McFarland, 2010. Pag. 32.

lavorazioni metalliche in nero.

I cannoni e i mortai erano pesanti e il loro trasporto comportava una logistica complicata e incidenti frequenti.

Sul campo di battaglia, poi, a causa della loro scarsa gittata, i cannoni da campo avevano il limite di dover essere posizionati davanti alle fanterie, e quindi rimanere molto esposti agli attacchi del nemico e alla cattura.[16]

L'artiglieria era comunque già divisa in artiglieria da campo e d'assedio. Se durante le battaglie l'artiglieria da campo svolgeva un ruolo ancora piuttosto marginale, per via dei suoi limiti tecnici, negli assedi, la seconda risultava già decisiva.

Studiando la composizione delle forze durante le campagne militari di Luigi XIV è stato infatti stimato che l'esercito francese avesse in media un rapporto di circa un cannone ogni mille uomini impiegati. Ad esempio, durante l'attacco alle posizioni valdesi sul costone roccioso della Balsiglia, del maggio 1690, i francesi disponevano di due soli cannoni da otto libbre, un mortaio da quattro e alcuni falconetti, su circa 3.000 uomini impegnati nell'assedio.

I primi reggimenti di cavalleria d'ordinanza vennero creati nel 1635 da Luigi XIII e suddivisi in reggimenti a cavallo reali e reggimenti a cavallo dei gentiluomini (questi ultimi gestiti direttamente dai nobili per conto del re).

Rispetto alla fanteria, durante il regno di Luigi XIV, la cavalleria fu sottoposta a pochi cambiamenti. All'interno di questa specialità, a causa dello sviluppo sul campo di battaglia delle armi da fuoco, la cavalleria pesante divenne sempre più obsoleta,

Il grosso della cavalleria francese divenne composto dalla cavalleria leggera, completamente sprovvista di armatura. Verso la fine degli anni '70 del seicento operavano oltre una novantina di reggimenti di questo tipo, contro solo un reggimento di cavalleria pesante, il Cuirassiers du Roi, fondato nel 1665, continuò ad indossare un elmo e una corazza.[17]

Come già in epoche passate, l'arma d'elezione della cavalleria continuò a rimanere la spada. Inizialmente lunga, dritta e pesante, dopo la guerra in Olanda venne sostituita con una più pratica a lama ricurva. I cavalieri portavano anche pistole di vario tipo, mentre alcuni portavano più potenti "carabine", armi da spalla di piccole dimensioni.

Durante la Guerra di devoluzione (1667-1678) vennero creati i primi corpi di dragoni, truppe montate che combattevano per lo più appiedate, ma che all'occorrenza potevano combattere anche a cavallo. Nel gennaio 1678, mentre la cavalleria leggera poteva vantare 99 reggimenti in servizio, il marchese di Louvois portò a quattordici i reggimenti di dragoni[18] e gli effettivi ad oltre 10.000 uomini. Nel 1690 i reggimenti di dragoni raggiunsero il numero massimo di 43, per ridiscendere nuovamente a 15 nel 1699.[19] Grazie alla sua mobilità, questa specialità verrà largamente impiegata dalla Francia durante il conflitto con i valdesi, dal 1686 in poi.

Nel 1693 venne invece creato il primo reggimento di carabinieri, raggruppando le compagnie di carabinieri presenti nei reggimenti di cavalleria regolare.[20]

A fianco della cavalleria leggera, nel 1690 continuò a esistere la *gendarmerie*, un corpo che a differenza della normale cavalleria leggera era formato dalla piccola nobiltà. Sebbene la *gendarmerie* consistesse in 16 compagnie da 60 uomini ciascuna, non venne però mai raggruppato a livello reggimentale.

Nel 1690 vennero creati anche i cosiddetti ussari, inizialmente formati da disertori ungheresi

---

16   Ibid.

17   Lynn John A., Giant of the Grand Siècle: The French Army, 1610-1715, Cambridge, Cambridge University Press, 2006. pag. 490.

18   Ibid. p.494-495.

19   Renè Chartrand, Louis XIV's army. Op. Cit. Pag. 37.

20   John A. Lynn, Giant of the Grand Siècle: The French Army, 1610-1715. Op. Cit. p.495.

provenienti dall'esercito imperiale austriaco,[21] che combattevano secondo lo stile ungherese. Tuttavia, questa specialità non raggiunse mai un gran peso all'interno della cavalleria leggera francese.

Come la fanteria, la cavalleria francese era suddivisa in reggimenti, composti inizialmente da due o tre squadroni e successivamente da quattro. Gli squadroni, come i battaglioni per la fanteria, costituivano le unità tattiche di base. Durante la guerra in Olanda, ciascun squadrone era composto da tre compagnie da 50 uomini ciascuna, ma durante le guerre successive solo da 30-35 uomini. Questo vuol dire che un reggimento, con quattro squadroni poteva dispiegare al massimo una forza di 420 uomini. Sul campo di battaglia, la cavalleria di solito veniva utilizzata schierata su tre file e fatta caricare inizialmente al trotto, per non perdere coesione e evitare di sfiancare i cavalli, e lanciata al galoppo solo negli ultimi 50 metri.[22]

Guardie francesi 1660 circa

---

21   Renè Chartrand, Louis XIV's army. Op. Cit. Pag. 36-37. Per approfondimenti vedere anche: Barjaud Yves, Les Hussards, trois siècles de cavalerie légère en France, Lausanne, Caracole, 1988.
22   John A. Lynn, Giant of the Grand Siècle: The French Army, 1610-1715. Op. Cit. Pag. 497-498.

3.2 L'esercito sabaudo

Tra il 1655, l'anno delle cosiddette "Pasque Piemontesi", e il 1690, l'anno che segna la fine delle ostilità del Ducato di Savoia contro i valdesi, l'esercito sabaudo subì radicali trasformazioni, propiziati dall'evoluzione delle armi da fuoco e dalle strategie e tattiche militari.

Innanzitutto, il ducato passò da un esercito semi-feudale, composto da milizie paesane e truppe mercenarie, a un esercito professionalizzato e prevalentemente nazionale.

Il progressivo abbandono di modelli basati sul sistema del "tercio" spagnolo portò in questo periodo prima al ridimensionamento della picca come arma principale nel campo di battaglia, poi alla sua completa soppressione, avvenuta già nel 1685.

A partire da questa data, i reggimenti sabaudi verranno composti solo da fucilieri. Verso la fine degli anni '80 del seicento si crearono anche nuove figure specializzate come quella del granatiere, con il compito di aprire la strada al soldato di fanteria. Anche la cavalleria subì mutamenti sostanziali, con la creazione, avvenuta nel 1689, dei "dragoni", una specialità che rispondeva alla necessità di poter contare su truppe più mobili e in grado di offrire maggiore velocità di manovra in battaglia.

In questo periodo, le guerre contro i valdesi, fatte di rapidi colpi di mano e rappresaglie in un ambiente montano estremamente ostile, con la loro durezza e spietatezza, offrirono all'esercito sabaudo la possibilità di acquisire esperienza nelle tattiche che oggi definiremmo di contro-guerriglia, contro un nemico sfuggente, che faceva della rapidità e della sorpresa il suo punto di forza.

Per quanto, sia per la Francia che per il Ducato di Savoia, le valli valdesi rappresentassero al tempo un'area strategicamente importante - in quanto corridoi naturali che metteva in comunicazione il Piemonte, e quindi il resto dell'Italia, con il Delfinato, e quindi la Francia - per dimensione e entità delle forze in campo rappresentavano un teatro operativo che oggi potrebbe a prima vista apparire tutto sommato modesto, poiché coinvolgeva solo tre vallate alpine, abitate da circa 14-18.000 valdesi, che nei momenti migliori riuscirono a schierare mai molto di più di 2.000 combattenti, e solo grazie ad un ingente apporto di volontari protestanti provenienti dall'estero.

Tuttavia, queste cifre non devono portare ad una sottovalutazione dell'importanza di questo teatro bellico, soprattutto se si considera che all'epoca l'intero esercito sabaudo poteva schierare al massimo della sua mobilitazione non più di 8-10.000 uomini, contando le truppe a difesa di confini, città e piazzeforti. Del resto, occorre tenere conto che, sempre in questo periodo, nel Ducato di Savoia vivevano solo poco più di un milione di abitanti[23] e che Torino, divenuta capitale del Ducato di Savoia a partire dal 1659, contava da trenta a quarantamila abitanti[24], mentre nessun altro dei centri urbani del Piemonte raggiungeva i diecimila abitanti.

L'evoluzione dell'esercito sabaudo

Per capire lo stato e la consistenza dell'esercito sabaudo, nonché la sua evoluzione, durante le guerre contro i valdesi del XVII secolo occorre innanzitutto partire dalle sue origini. Creato

---

23   Popolazione del Piemonte stimata, al netto di Alessandria, al tempo sottoposta alla sovranità del ducato di Milano, e del Monferrato, il quale continuerà a costituire un ducato autonomo dipendente dal ducato di Mantova fino al 1708, quando verrà inglobato nel Ducato di Savoia. Levi Giovanni. Sviluppo urbano e flussi migratori nel Piemonte nel 1600. In: Cahiers de la Méditerranée: série spéciale, n°2, 1, 1974. Les migrations dans les pays méditerranéens au XVIIIème et au début du XIXème. Actes des journées d'études Bendor 6 et 7 avril 1973. pagg. 26-52; disponibile online al seguente indirizzo web: https://www.persee.fr/docAsPDF/ camed_0337-0569_1974_hos_2_1_1787.pdf. Vedere inoltre:https://comune.info/piemonte/regione/evoluzione-della-crescita-demografica.

24   Levi Giovanni, Sviluppo urbano e flussi migratori nel Piemonte nel 1600. Op.Cit.

Granatieri Guardie, Savoia 1659.

nel XV secolo come forza feudale a difesa dei domini della casata Savoia, durante il ducato di Emanuele Filiberto (1553-1580) l'esercito sabaudo era stato sottoposto a radicali cambiamenti, che lo avevano trasformato in un elemento strutturale dell'apparato statale, non più sottoposto al potere dei feudatari locali e, pensato in tutte le sue componenti, per condurre campagne militari.

A partire dal 1536, gran parte del Ducato di Savoia venne occupato dai francesi. Il resto rimase oppresso da esose guarnigioni spagnole, formalmente alleate del Duca e garanti dell'indipendenza del ducato, ma che in realtà si comportavano da truppe occupanti.

La guerra d'Italia del 1551-1559 mutò radicalmente questa situazione. Infatti, con la decisiva vittoria di Emanuele Filiberto a San Quintino (10-27 agosto1557) e il successivo trattato di pace di Cateau-Cambresis (1559), la Francia venne obbligata a riconoscere l'indipendenza del Ducato di Savoia e a ritirarsi dai suoi territori.

Rientrato in pieno possesso dei propri territori, Emanuele Filiberto iniziò una politica di rafforzamento militare con l'obiettivo di garantire la sicurezza del Ducato, puntando principalmente su tre pilastri: le fortificazioni, le milizie mercenarie e quelle paesane. Le milizie paesane vennero istituite con l'editto di Vercelli del 20 dicembre1560 e organizzate, a partire dal 1564, sul modello delle legioni francesi di Francesco I. Costituite esclusivamente da volontari, scelti tra i civili di età compresa tra i diciotto e i cinquant'anni di età, le milizie erano composte in larga parte da agricoltori, ma anche da artigiani ed esponenti della piccola nobiltà.

Ai membri delle milizie venivano riconosciuti diversi vantaggi, tra cui il diritto di non prestare servitù personali, esenzione dal pagamento di tributi a comunità e congregazioni, facoltà di portare armi e di essere sottoposti a un sistema giudiziario speciale, sia penale che civile, oltre alla possibilità di fare bottini, nel caso di campagne militari in territorio nemico.

Inoltre, alla piccola nobiltà di provincia la militanza nella milizia offriva la possibilità di mettersi in evidenza e stringere utili rapporti con la municipalità e il potere ducale.

In tempo di pace, le milizie paesane, che non avevano carattere permanente, venivano finanziate dalle autorità locali e venivano sottoposte a periodi di addestramento, limitati solo a pochi giorni all'anno. Tuttavia, in tempo di guerra queste venivano trasformate in forze attive, anche se per periodi di tempo necessariamente brevi.

Le prime milizie paesane sabaude vennero create dal governatore Leonardo della Rovere, affiancato in questo compito dal condottiero veneto Guido Piovene. Queste vennero inizialmente suddivise in sette "colonnellati", termine derivato dallo spagnolo *coronelia*,[25] dei quali quattro subalpini (Ivrea, Asti, Piemonte e Nizza) e tre transalpini (in Savoia). Sin dall'inizio, il loro reclutamento e addestramento ricadde sotto la responsabilità di colonnelli, capitani (o castellani e governatori, a seconda dell'importanza dei luoghi) secondo criteri arbitrari e non omogenei, che prevedevano un patteggiamento delle quote e dei nominativi con le magistrature comunali.

Nel 1566 venne pubblicato un primo regolamento delle milizie paesane: il *"Discorso dell'ordine et modo di armare, compartire ed esercitare la milizia del serenissimo Duca di Savoia."* Questo primo regolamento, fortemente influenzato dalla dottrina militare spagnola dell'epoca, stabiliva che ciascun colonnellato, almeno in teoria, dovesse avere una forza di 2.400 uomini, ripartiti in sei compagnie - di cui cinque composte ciascuna da 150 picchieri, dotati di corsaletto, 230 archibugieri e 20 alabardieri con scudi circolari, e una composta da 360 archibugieri e 40 alabardieri. Tuttavia, è probabile che nella realtà queste risultassero alquanto difformi rispetto alle disposizioni stabilite dal

Reggimento Moneferrato, Savoia 1659.

regolamento, per tutta una serie di motivi, tra cui il fatto che l'armamento veniva di solito procurato direttamente dagli stessi miliziani o fornito dalle comunità, e che non esisteva alcun sistema di verifica sulla quantità e qualità delle milizie paesane e alcun controllo sull'uniformità del loro armamento.

Anche le disposizioni del regolamento sull'addestramento e le esercitazioni risultavano nella realtà poco realistiche. Queste stabilivano, infatti, che tutti i giorni festivi fossero dedicati all'addestramento;[26] un impegno sicuramente incompatibile, ad esempio, con le attività agri-

---

25   Termine derivato dal termine spagnolo "Coronelia", unità militare composta da quattro compagnie di soldati per un totale di 1.000 uomini, che operava come sottodivisione del Tercio, l'unità tattica militare di base dell'esercito spagnolo, composta da circa 3.000 uomini.

26   La frequenza era stabilita su base bisettimanale o mensile per le centurie e mensile o bimestrale per le compagnie, oltre a quattro "mostre" (parate militari) dei colonnelli e due simulazioni di combattimento a Pentecoste e San Martino.

cole e, quindi, poco praticabile. Inoltre, il fatto che non fosse stabilito un limite di età per il congedo, faceva sì che molti miliziani rimanessero in servizio per tempi eccessivamente lunghi, minando la qualità dei reparti.

Questi problemi, uniti alle difficoltà di destinare fondi adeguati da parte delle autorità locali, fa pensare che il livello di preparazione di queste milizie fosse ben al di sotto degli standard ideali fissati dal regolamento.

Non solo non vi era uniformità nell'armamento e nell'addestramento, ma anche l'abbigliamento dei militari continuò a rimanere vario. L'unico segno di riconoscimento tra i componenti di un colonnellato o compagnia era il colore della sciarpa, da portare alla cintola o su una spalla, un modo pratico e a buon mercato per riconoscersi sul campo di battaglia.

Nel 1569, oltre alle unità di fanteria, si costituirono anche alcune "celade", compagnie di milizia paesana di cavalleria, reclutate fra i ceti più elevati, ossia quelli che erano in grado di possedere ed equipaggiare almeno un cavallo da utilizzare per uso bellico.

I più delicati compiti di controllo e protezione dei confini, dei forti e delle fortezze della famiglia ducale e della stessa figura del Duca continuarono, però, a essere assegnati a truppe di professione, composte da milizie mercenarie in larga parte straniere, principalmente svizzere e tedesche, pagate direttamente dalle casse ducali di volta in volta, in base alle esigenze specifiche.

Le milizie paesane e quelle professionali rientravano in un più ampio piano difensivo che comprendeva il rafforzamento delle fortificazioni di Nizza (comprese quelle del borgo portuale di Villafranca e del colle di Montalbano), una città considerata strategica, poiché assicurava i collegamenti commerciali e diplomatici marittimi del Ducato di Savoia, il contatto diretto con i domini della Spagna che controllava anche l'adiacente marchesato di Finale, come pure la difesa dei domini sabaudi contro possibili attacchi provenienti dalla Francia. Alla difesa delle vie marittime a questo periodo si deve ascrivere anche la creazione di una piccola forza navale (1560-1561), con l'entrata in servizio nella marina sabauda delle galee Capitana e Margarita. Questa flotta venne costituita con l'obiettivo strategico di garantire la sicurezza dei collegamenti via mare del Ducato di Savoia nel Mediterraneo e metterlo sulla mappa dei paesi in grado di disporre di "marine da guerra."

Sempre all'interno di questo piano difensivo vi fu, inoltre, lo spostamento della capitale da Chambéry a Torino (1563), con la costruzione della relativa cittadella (1564-1566).

Il periodo filibertiano fu anche quello in cui venne costituito un primo apparato amministrativo delle forze armate, con il compito di fungere da tramite tra amministrazione centrale e locale, con la nomina della figura di due *auditori di guerra* (1559), uno per la parte subalpina e l'altro per la parte transalpina del ducato. Su ispirazione di analoghe figure dell'apparato amministrativo spagnolo già presenti nel Ducato di Milano, nel 1560 venne anche istituita la carica del *contadore generale* (termine mutuato dallo spagnolo *Contador General*), funzionario incaricato di stabilire i ruoli delle truppe al soldo ducale. Nel 1561, a questo si aggiunse il *veedore generale* (dallo spagnolo *Veedor General*), un funzionario incaricato di supervisionare gli arruolamenti e i congedi e passare periodicamente in rivista le truppe. Queste nuove cariche, insieme a quella del *tesoriere di milizia*, provvedevano alla distribuzione delle paghe e dei rifornimenti, al controllo dell'effettiva presenza dei militari e alla redazione dei bilanci. La figura del *veedore generale* sarebbe stata in seguito soppressa, tra il 1683 e il 1688, mentre quella del *contadore generale* si sarebbe trasformata nel corso del XVI secolo nell'*ufficio generale del soldo*.[27] La *tesoreria di milizia* avrebbe cessato di esistere, rimpiazzata dal *sussidio militare*, nato insieme a una razionalizzazione del prelievo fiscale, nel 1659.[28]

---

27   Ducato di Savoia, Regolamento Nuova costituzione dell'Officio Generale del Soldo di Sua Altezza Reale, Torino, MDCCIX (1709).

28   Bianchi Paola, La riorganizzazione militare del Ducato di Savoia e i rapporti del Piemonte con la

L'opera iniziata da Emanuele Filiberto fu continuata dal figlio Carlo Emanuele I (1580-1630), il quale mantenne la milizia paesana istituita dal padre, e la ribattezzò "milizia generale", stabilendo però che dovesse essere impiegata solo nell'ambito della provincia di residenza, riconfigurandola così come una forza di difesa territoriale. Il cambiamento più importante promosso da Carlo Emanuele I fu però l'istituzione della milizia scelta, un corpo di 8.000 uomini, in parte tratto dalla milizia generale, composto da mercenari nazionali e operante come forza mobile utilizzabile per le campagne militari.[29]

Questa struttura militare venne nella sostanza mantenuta anche durante il ducato di Vittorio Amedeo I (1630-1637) e nel lungo periodo di reggenza di Cristina di Borbone (1637-1863), anche se in questo periodo il Piemonte vide aggravarsi molti problemi interni, compresa la crisi delle finanze statali, alimentata dalla depessione economica, che portò ad una decadenza del sistema militare.

Nel periodo di Cristina di Borbone, che coincide con la fase iniziale della repressione dei valdesi (Pasque Piemontesi del 1655 e Guerra dei "Banditi" del 1663-1664), l'esercito sabaudo si presentava ancora come una forza prevalentemente composta da un connubio tra milizie territoriali e soldataglie mercenarie, molto disomogenee tra loro, sia per armamento che per preparazione.

Tra il 1618 e il 1648 imperversò la Guerra dei trent'anni, che portò alla devastazione principalmente dell'Europa Centrale, ma che trasformò anche il Ducato di Savoia in un campo di battaglia tra Francia e Spagna. Sfruttando il fatto che la Francia di Luigi XIII, impegnata in un duro assedio della roccaforte degli ugonotti di La Rochelle, era impossibilitata ad intervenire in Italia, il Ducato di Savoia si alleò con la Spagna nella guerra di successione di Mantova e del Monferrato (1628-1631). Tuttavia, la guerra non risultò in un completo successo del Ducato di Savoia, il quale alla fine fu costretto a porre fine al conflitto con la firma di un trattato (Pace di Cherasco) non del tutto favorevole. Questo trattato, infatti, se da un lato permetteva al Ducato di guadagnare il controllo su molte terre del Monferrato, tra cui Asti, Moncalvo e Trino, dall'altro lo privò del controllo di Pinerolo, cittadina ubicata a soli 40 chilometri da Torino, insieme a tutta la riva sinistra del Chisone (all'epoca chiamato Cluson) e della val Perosa (val Perouse), che insieme alla val Pragelato (già francese) avrebbero costituito il corridoio di collegamento con la Francia, e che da quel momento sarebbero state presidiate dai francesi, fino al 1696. Questo nuovo assetto aprì una lunga fase di vassallaggio del Piemonte alla Francia che si sarebbe protratta fino al 1690 e che avrebbe attraversato solo un periodo turbolento durante la reggenza di Cristina di Borbone, la "Madama reale, sorella del re di Frabcia Luigi XIV, durante la reggenza, negli anni della guerra civile (1638-1642), in cui si rifletté la rivalità tra Francia e Spagna.[30]

Il periodo "madamista" fu caratterizzato una tendenza fortemente filo-francese della reggente, che finì per riflettere la tensione religiosa tra cattolicesimo e riforma che aveva già caratterizzato la guerra dei trent'anni (1618-1648) e continuava a pervadere l'Europa. Come era già accaduto in Francia con gli ugonotti, anche i valdesi del Piemonte vennero considerati un elemento di pericolosa diversità e disgregazione dell'unità statuale e confessionale.

Intorno alla metà del '600, sotto l'influenza di ambienti nobiliari cattolico-radicali filo-francesi, il Ducato di Savoia iniziò ad emanare leggi, ordinanze ed editti contro i valdesi, volti a

---

Francia e la Spagna. Da Emanuele Filiberto a Carlo Emanuele II, in García Hernán Enríque, Maffi Davide, Guerra y Sociedad en la Monarquía Hispánica, vol. I, Madrid, Ediciones del Laberinto, 2006. Pagg. 189-216.

29   Bonelli Ernesto, "La primogenitura", Roma, Informazioni della difesa, n.4, luglio-agosto 2008. Pag. 41. Disponibile online al seguente indirizzo web: https://www.difesa.it/InformazioniDellaDifesa/periodico/IlPeriodico_AnniPrecedenti/Documents/La_Primogenitura.pdf

30   La guerra civile del 1638-1642 fu un conflitto che vide il partito dei "madamisti," filo-francesi e sostenitori della reggente Cristina di Borbone, opposto a quello dei principisti, alleati filo-spagnoli dei principi cognati Tomaso e Maurizio di Savoia. Il conflitto si risolse in favore dei madamisti.

far rispettare in maniera sempre più stringente gli antichi trattati che circoscrivevano la presenza valdese in alcune valli alpine da questi popolate (Chisone, San Martino e Perosa) o ad imporre nuove limitazioni. Questi atti diffusero contro il ducato tra le popolazioni protestanti residenti in queste valli, una crescente irrequietezza e ostilità, alimentata anche dalla presenza di numerosi pastori protestanti giunti dalla Francia a seguito delle persecuzioni nei loro confronti attuate in quel paese.

Nel 1655, questa situazione sfociò nelle Pasque Piemontesi, ovvero il massacro indiscriminato della popolazione residente a Torre e del resto della val Pellice, e delle valli Chisone e San Martino. In questo periodo, il Ducato di Savoia disponeva di un piccolo esercito, probabilmente consistente in tutto in non più di 7 o 8.000 uomini, composto da alcuni reggimenti della milizia generale e unità mercenarie. Tra questi vi erano: i reggimenti di fanteria Bellino, Carignano, Catalano Alfieri, Don Filippo di Savoia, Carlo Aurelio, Fantone, La Loubière, Livorno, Masino e Marolles; i reggimenti di fanteria francese Challant e La Faya, il reggimento di fanteria germanica Badant, un reggimento di fanteria irlandese "Preston" e un reggimento fanteria svizzera; e i reggimenti di cavalleria d'Arrencourt, Don Gabriel, Todesco, Olgiati, Verrua e Ferraris.

Per quanto riguarda l'armamento dei reggimenti di fanteria, sia le milizie mercenarie che quelle paesane erano armate e addestrate in modo molto eterogeneo e probabilmente strutturate secondo lo stile classico del periodo, consistente in un connubio di picchieri e archibugieri. I reparti di cavalleria, principalmente composti da cavalleria

Reggimento Piemonte, Savoia 1661.

leggera, erano armati con pesanti spade lunghe e diritte, analoghe a quelle in uso in altri eserciti europei dell'epoca.

Prevedendo l'importanza dell'artiglieria, nel 1625 il Duca di Savoia Carlo Emanuele I aveva istituito una "compagnia bombardieri", che nel periodo delle guerre contro i valdesi risultava ancora poco numerosa. Anche se l'esercito sabaudo ne avrebbe fatto massiccio uso durante la guerra del 1686. Salito al potere alla morte di Cristina di Borbone nel 1663, Carlo Emanuele II di Savoia (1638-1675) poté prendere l'effettivo controllo del Ducato e promosse subito una serie di riforme per rafforzare l'esercito.

Queste riforme, che ebbero luogo tra il 1659 e il1664, prevedettero la liquidazione delle truppe mercenarie straniere, che fino ad allora avevano rappresentato la vera spina dorsale dell'esercito sabaudo e la creazione, a fianco della milizia generale, di una milizia reale (d'ordinanza) costituita interamente da sudditi piemontesi, la cui formazione e mantenimento sarebbero ricaduti sotto la responsabilità di nobili piemontesi o stranieri, di gradimento del duca. In tempo di pace, ai reggimenti reali spettava il compito di mantenere l'ordine interno e presidiare le fortezze ducali. In caso di guerra, sia la milizia reale che quella generale avrebbero dovuto operare come forze mobili durante le campagne militari.

Il sistema di reclutamento della milizia reale funzionava così: il duca sceglieva un comandante giudicato meritevole, di solito un nobile, e a questo conferiva con una patente il grado di colonnello, stabilendo con lui un vero e proprio contratto in cui si stabilivano le somme di denaro che il colonnello doveva pagare per l'acquisto della patente, quelle da corrispondersi annualmente e le quantità e la qualità di truppe e armi da fornire al Ducato. Il colonnello, da parte sua, sceglieva il suo stato maggiore, e si rivaleva sugli ufficiali inferiori vendendo le patenti di capitano. Questi, a loro volta, si rifacevano della somma nominando i sergenti e i caporali. Questi ultimi, per rifarsi delle somme versate, giravano per piazze e osterie ad arruolare, tra i disoccupati, le potenziali reclute, facendo leva su denaro e promesse.

La milizia generale venne ristrutturata mediante la creazione del "Battaglione" di Piemonte, un corpo forte di 6.180 uomini, diviso in dodici reggimenti, ciascuno contraddistinto dal nome del colonnello che lo comandava. A differenza di quanto avverrà in seguito, il termine battaglione venne all'epoca utilizzato per indicare una unità di grandi dimensioni, comprendente diversi reggimenti o colonnellati.

I membri del Battaglione di Piemonte erano reclutati su base volontaria, un elemento che li accomunava alle truppe di ordinanza. Reclutati direttamente dall'ufficio del soldo, i membri godevano di diversi privilegi quali: l'autorizzazione al porto d'armi, esenzioni fiscali e vantaggi giuridici in caso di debiti con la comunità.

La milizia generale poteva essere chiamata alle armi solo per esigenze di guerra, come nel caso della sfortunata guerra contro Genova (1672-1673), dove il Battaglione di Piemonte ebbe un ruolo attivo, non dando però una buona prova.

Queste riforme, che segnavano uno stadio intermedio tra l'organizzazione cinquecentesca voluta da Emanuele Filiberto e quella nazionale che sarebbe stata in seguito creata dal Duca Vittorio Amedeo II, ebbe, comunque, il merito di aver creato una forza fissa, con la costituzione dei reggimenti nazionali di ordinanza, primo elemento di costituzione di un esercito nazionale permanente.

Secondo il Dizionario Analitico di Eugenio Camussi, riportato da Ernesto Bonelli, i primi colonnellati (sia d'ordinanza che generali) che esistevano all'epoca della rivista passata il 30 luglio 1659 furono: Marolles, Servantes, Livorno, Nasino, Gumittieres, Catalano, Lobella, Lullino, San Damiano, Malabaila e Bellino."[31]

Il primo reggimento d'ordinanza ad essere formato fu il reggimento delle Guardie, "levato" il 18 aprile del 1659, e seguito dagli altri reggimenti d'ordinanza della fanteria sabauda. Questi furono, in ordine di costituzione: il reggimento de Challes (1659), che nel 1664 acquisterà il nome di Savoia di SAR; il reggimento Senantes (1659), che in seguito acquisterà il nome di Challant e poi, nel 1664, quello di Aosta di SAR; il reggimento di Livorno (1660), nome derivato dal titolo nobiliare del marchese di Pianezza, che muterà in seguito in Coudray e, nel 1664, in Monferrato di SAR; Il reggimento Piemontese di SAR (1660), che in seguito acquisterà quello di Magliano e, nel 1664, quello di Piemonte di SAR; il reggimento di San Damiano (1660), che successivamente verrà ridenominato Nizza di SAR.

---

31   Bonelli Ernesto, La primogenitura, Roma, Informazioni della difesa, n.4, luglio-agosto 2008. Pag. 41

Reggimento Guardie, Savoia 1690. Disegno di Quinto Cenni

Con l'Editto del 19 ottobre del 1664 per ciascuna unità venne stabilito l'ordine di precedenza negli schieramenti. Nel 1664 vennero formati i primi reggimenti di fanteria d'ordinanza di proprietà del Duca che ricevettero una bandiera comune con le armi ducali in sostituzione di quelle raffiguranti le armi dei comandanti. Sette anni dopo, nel 1671, quasi contemporaneamente alla Francia di Luigi XIV (primo paese al mondo ad adottare uniformi nell'esercito), il Ducato di Savoia introdusse uniformi omogenee in colore grigio chiaro per quasi tutti i reparti, tranne che per le guardie reali, per le quali si scelse il blu, colori non molto simili a quelli da poco adottati dall'esercito francese. La scelta coloristica delle uniformi, simile a quella francese, fu ovviamente non casuale e, probabilmente, dettata dalla volontà di rassicurare Luigi XIV sulla vicinanza e fedeltà del Ducato di Savoia alla Francia, che però la piccola armata sabauda, durante le frequenti guerre tra ultimo trentennio del seicento e il primo decennio del settecento, avrebbe avuto in modo alterno contro e al suo fianco.

Come stabilito l'8 gennaio 1671, il reggimento delle Guardie fu il primo ad essere dotato di un'uniforme. Questa consisteva in un abito blu con risvolti rossi, gilet e pantaloni a "coulotte" con bottoni in color oro. Completavano l'uniforme le calze, che successivamente divennero di colore azzurro turchino, e un cappello in feltro nero a larghe tese, con cupola irrobustita da una crociera metallica, orlato di gallone giallo dorato.

Rialzata inizialmente solo sul lato sinistro, la tesa del cappello era abbellita su quel lato da una coccarda a fiocco azzurro. Successivamente, per comodità, la tesa venne rialzata anche dalle parti destra e posteriore, trasformando il cappello in tricorno.

Sotto la marsina il soldato portava una camicia di tela bianca, con cravatta ricadente sul petto. Nel 1675, alla marsina si aggiunsero larghi bragoni, lunghi fin sotto al ginocchio, che però divennero progressivamente più attillati, secondo la moda del tempo. Per proteggere meglio i soldati dai freddi invernali, a partire dal settecento i reparti furono dotati anche di panciotti lunghi fino a mezza coscia.

Sul finire del seicento, l'esercito sabaudo fu molto aperto alle novità e costantemente modernizzato, soprattutto durante il regno di Vittorio Amedeo II. Questo gli permise di stare al passo con gli altri paesi europei e, in diversi casi, addirittura di anticiparli. Si pensi, ad esempio, che la soppressione della figura dei picchieri nei reggimenti di fanteria, avvenuta nell'esercito sabaudo già nel 1685, mentre in Francia una decisione analoga verrà presa solo nel 1700 e in Svezia addirittura nel 1720.

Nati dall'esigenza di disporre di soldati particolarmente addestrati ad aprire la strada ai fanti nei trinceramenti nemici, operando come assaltatori o guastatori, anche i granatieri subirono nel tempo cambiamenti notevoli.

Sin dal 1678 il reggimento delle Guardie aveva già avuto nel proprio organico un granatiere, ma solo con il compito di insegnare ai fanti del reggimento il lancio delle granate. A partire dal 1685 quella dei granatieri divenne una specialità distinta dal comune fante. In seguito i granatieri vennero raggruppati in compagnie, nella misura di una compagnia per battaglione e successivamente riuniti in unità a livello reggimentale, separate dal resto delle unità di fanteria.

Per quanto riguarda l'artiglieria, Vittorio Amedeo I aveva costituito una scuola per artiglieri sin dal 1635. Nel 1670, questa venne migliorata da Vittorio Amedeo II, il quale sin dal 1667 aveva ricostituito la scuola "bombardieri" (quest'ultima per le artiglierie a tiro curvo). Nel 1678, a queste, venne aggiunta anche la Reale Accademia di Savoia, con lo scopo di formare i nobili per la carriera delle armi o quella amministrativa.

Durante il ducato e poi il regno di Vittorio Amedeo II, l'artiglieria fu accresciuta e resa più omogenea, tramite la riduzione del numero dei calibri. Furono alleggeriti i pezzi da campagna, trainati da tre pariglie, mentre quelli dell'artiglieria pesante o da assedio erano trainati da buoi, spesso molti, se si pensa che un cannone per palla da 60 libbre, dal peso stimato di circa un paio di tonnellate, ne necessitava per il trasporto ben venti.[32]

La prima vera e propria unità di artiglieria dell'esercito sabaudo venne costituita il 20 luglio del 1625, a livello di compagnia, con personale distinto dal resto dell'esercito. Nel 1660 venne costituito un servizio di artiglieria che, nel 1667, venne messo agli ordini di un "gran maestro dell'artiglieria." Il 20 maggio 1696, venne costituita un'unità di maggiori dimensioni con la creazione di un battaglione cannonieri, modernamente articolato in sei compagnie di bombardieri, una di maestranze e una di minatori.[33]

La cavalleria, che era stata creata da Emanuele Filiberto, fino a oltre la prima metà del XVII secolo rimase composta, oltre che dalla milizia paesana a cavallo, dalla cavalleria feudale. Nel 1675 venne costituita una cavalleria d'ordinanza in Piemonte e una in Savoia, la prima strutturata su otto compagnie e la seconda su quattro.

Nel 1676 vennero costituite quattro compagnie di gendarmi (dal termine gente d'arme) o delle corazze, dette di S.A.R. Carlo Emanuele, in seguito ridenominate Vittorio Amedeo, poi del servizio del principe di Carignano e, infine, del conte di Soissons.

I primi reggimenti di dragoni, ovvero di fanteria montata d'ordinanza, vennero creati tra il 1683 e il 1690. Il primo, denominato Dragoni di Verrua, assunse due anni dopo il nome di Dragoni di S.A.R., anche detti "Dragons Bleus". Il 3 settembre 1689, un distaccamento di 250 uomini di questo reparto venne impiegato con successo contro i valdesi, nello scontro delle

32   Aldo Mori, Earmi, l'enciclopedia delle armi. Disponibile online al seguente indirizzo web: http://www.earmi.it/balistica/cannoni.htm

33   Antonino Mozzicato, Storia dell'arma di artiglieria, Bracciano, Associazione Nazionale Amici della Scuola di Artiglieria, 2007. Disponibile online al seguente indirizzo web: http://www.scuoladiartiglieria.it/a_asso/Conferenze/2007_Storia_Arma_Artiglieria.pdf

Gange di San Giacomo, durante il Glorioso Rimpatrio. Entro la fine del secolo vennero creati altri due reggimenti di dragoni, i "Dragoni del Genevois"(1689) e i "Dragoni di Piemonte"(1690), detti rispettivamente "Dragons Verts" e "Dragons Jaunes".

Con l'editto del 23 luglio 1692, il duca Vittorio Amedeo II stabilì che i membri del preesistente squadrone di Piemonte - nato dalla fusione delle compagnie di gendarmi - si inquadrassero in due reggimenti, perdendo la denominazione di gendarmi, e venissero articolati su compagnie di cinquanta uomini e cavalli, con una forza complessiva di circa 450 uomini ciascuno. Questi presero il nome rispettivamente di reggimento "Piemonte Reale" e "Savoia Cavalleria", dalle regioni in cui venivano reclutati i cavalieri. E' interessante notare che, sul finire del seicento, gli appartenenti a questa specialità venivano ancora chiamati gendarmi, cavalieri o corazzieri, indistintamente, poiché il termine corazzieri si sarebbe affermato solo a partire dagli inizi del XVIII secolo.

Per quanto riguarda l'abbigliamento, i reggimenti di cavalleria sabaudi erano dotati di un giustacorpo con un maggior numero di pieghe rispetto a quello della fanteria, per aggiustarsi meglio intorno al cavaliere e proteggere più efficacemente le sue gambe in battaglia. Era consuetudine per il cavaliere indossarlo abbottonato sul petto, con le falde libere, o rialzate ai lati e fermate con ganci e bottoni. Spesso, per proteggersi dalle intemperie, i reparti di cavalleria sabaudi indossavano una marsina in pelle, chiamata *buffalo*. Sopra le marsine, i corazzieri indossavano una corazza, a protezione del busto, ed erano armati con lunghe spade o sciabole. A protezione della testa portavano un elmo metallico.

A completamento dell'uniforme, ai dragoni sabaudi veniva fornito sia un cappello a lunghe falde sia un "bonet". Un berretto in panno di forma conica, con punta ricadente da un lato, con un risvolto alla base, intorno alla fronte. Questo tipo di berretto, il cui colore poteva variare a discrezione del comandante del reggimento, risultava più pratico poiché agevolava la messa a tracolla del fucile.

L'esercito sabaudo invade le valli valdesi.

L'esercito valdese

L'organizzazione dell'esercito valdese dal 1655 al 1664

Nel 1655, all'inizio del conflitto tra Ducato di Savoia e valdesi, questi ultimi non avevano un vero e proprio esercito di difesa. Dal principio, la resistenza si aggregò spontaneamente, intorno a leader improvvisati, che emersero per la loro determinazione e le loro qualità di comando. I più importanti tra questi furono Bartolomeo Jahier, divenuto popolare durante la difesa di Torre, e Giosué Janavel, il difensore di Rorà.

I valdesi erano perlopiù contadini e montanari, conoscitori dei boschi e delle montagne, nonché esperti cacciatori. Vengono descritti come agili e vigorosi, tiratori eccellenti, temprati dalle fatiche della montagna, ma anche come persone oneste, mosse da incrollabili convinzioni morali e appassionatamente attaccate alla loro terra, per riconquistare la quale erano pronti a sopportare le fatiche più grandi e perfino la morte. I combattenti erano vestiti come comuni montanari dell'epoca, con cappelli a larghe tese o tricorni e casacche e pastrani di feltro, camicie di lino, pantaloni di velluto al ginocchio, calzettoni di lana e scarpe di cuoio. I combattenti erano vestiti come comuni montanari dell'epoca, con cappelli a larghe tese o tricorni e casacche e pastrani di feltro, camicie di lino, pantaloni di velluto al ginocchio, calzettoni di lana e scarpe di cuoio. Solo i combattenti più benestanti e il notabiliato potevano portare un abbigliamento più ricercato. Non esisteva invece alcuna sostanziale differenza nell'abbigliamento tra soldati, tenenti e capitani.

Combattenti valdesi, periodo 1655-1664. Il secondo da sinistra è probabilmente un capitano o tenente di compagnia. Lo si evince solo per il fatto che sembra tenere un documento o una mappa in mano e indicare una direzione al compagno. Tra i valdesi, i graduati erano indistinguibili dagli altri combattenti, questo per evitare che divenissero particolare bersaglio da parte dei nemici. Il massimo grado nell'esercito valdese era quello di capitano. Anche Jahier e Janavel, pur essendo al comando dell'intero esercito valdese, poterono fregiarsi solo di questo titolo. Nell'esercito valdese il capitano veniva eletto dai membri della compagnia e non nominato dagli alti comandi, come avveniva negli altri eserciti. Inoltre, le decisioni più importanti venivano sempre prese da un consiglio di guerra e mai da un singolo comandante. Disegni di Luca Cristini

Anzi, nelle sue "Istruzioni militari" Janavel non mancò di ricordare agli ufficiali della spedizione di indossare indumenti comuni, anzi, i peggiori che si possedevano, così da non far risaltare in alcun modo il loro status sul campo di battaglia, evitando in questo modo di divenire oggetto di particolare attenzione da parte del nemico. Tale prescrizione risultava in totale controtendenza rispetto a quella che era la prassi dell'epoca, che voleva gli ufficiali ben distinguibili nella massa di

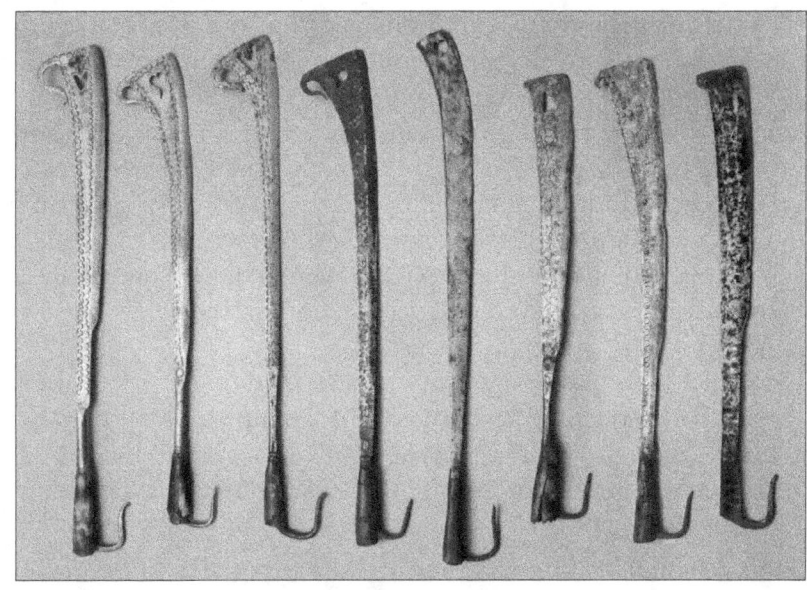

Beidane d'epoca, Museo Valdese di Torre Pellice

combattenti e vestiti con uniformi ricche e molto più ricercate rispetto a quelle dei comuni soldati, rendendoli però così facilmente identificabili dal nemico.

L'armamento principale dei combattenti valdesi era l'archibugio a miccia, ma in mancanza di questo era ammessa anche la frombola, un'arma da sempre utilizzata a scopo difensivo dalle popolazioni montane, che lo stesso Janavel, in seguito, avrebbe prescritto nelle sue Istruzioni militari. Meno potente dell'archibugio, la frombola risultava però estremamente utile durante le imboscate in montagna, per la sua elevata cadenza di tiro e la letalità dei suoi proiettili, specialmente se lanciati da posizioni elevate riuscivano a saturare i vuoti tra uno sparo e l'altro. Nelle imboscate, tra i fumi e i colpi di archibugio, i tiri di fionda aumentavano il panico tra le truppe sabaude, seminando caos e disorientamento, rafforzando tra le truppe sotto attacco la percezione di avere davanti forze nemiche maggiori di quelle realmente impiegate.

Insieme a queste armi, esisteva poi una ampia gamma di pistole, anche di preda bellica, e armi bianche, consistenti principalmente in comuni spade, daghe, coltelli e beidane. Le pistole e le armi bianche erano particolarmente utili negli assalti ai centri abitati.

Di origine sicuramente medioevale, la beidana era una sorta di *machete*, un attrezzo da lavoro tipico delle valli piemontesi e utilizzato per le attività di pulizia del sottobosco, che poteva però servire in caso di necessità come arma da contatto. Probabilmente meno efficace della daga e della spada militare, che a differenza della beidana in combattimento potevano anche essere utilizzate di punta, la beidana aveva il vantaggio di essere largamente diffusa nelle valli e di potere, all'occorrenza, essere confusa con gli attrezzi da lavoro, per non attirare troppo l'attenzione. Le truppe ducali mobilitate nella repressione dei valdesi del 1655 erano forze perlopiù ancora organizzate in modo tradizionale, fortemente influenzate dalle tattiche militari spagnole dell'epoca[34] e legate a schemi di guerra ormai obsoleti, che stavano per essere superati dallo sviluppo delle armi da fuoco. Queste truppe, in battaglia, erano abituate a muoversi in formazioni rigide e macchinose, e facevano ancora perno sui picchieri e gli alabardieri per investire e disintegrare le linee nemiche, mentre le armi da fuoco erano considerate solo uno strumento di supporto. Inoltre, i fucilieri che ne facevano parte erano abituati a sparare con-

---

34   Come ad esempio quelle del tercio, o meglio, della coronelia, la sua versione più snella, allora in grande uso.

tro linee nemiche compatte e non avvezzi al tiro di precisione.

Queste truppe si riveleranno totalmente impreparate ad affrontare la guerriglia valdese, una guerriglia sfuggente, determinata e letale, che aveva i suoi punti di forza nell'abilità dei suoi combattenti, nel tiro di precisione con il fucile, nella conoscenza dei luoghi, nella capacità di movimento e nell'abilità ad agire in modo flessibile e in piccoli gruppi.

La resistenza valdese, come forza organizzata, ebbe origine sin dai giorni successivi agli eccidi di Torre, quando i valdesi si riunirono prima in piccole bande di montanari, che andarono poi ingrossandosi con i fuggitivi che man mano entravano in contatto con loro e, successivamente, anche grazie al contributo dei combattenti ugonotti provenienti dalle vicine Francia o Svizzera.

Un esempio di questa crescita è rappresentato proprio dalle vicende di Janavel e di Jahier. Janavel, nel suo primo scontro contro le truppe ducali per la difesa di Rorà (24 aprile 1655), poteva disporre soltanto di sette uomini armati di archibugio, Il giorno successivo, erano già a 11 con archibugio e 6 con frombola, per arrivare a una quarantina nelle fasi finali dello scontro (il 3 maggio 1655).

Rientrato nelle valli a metà maggio del 1655 dalla vicina regione francese del Queyras, dove aveva trovato momentaneamente rifugio, Janavel poteva già contare su una banda di 200 uomini. Nei giorni successivi, questa crebbe ulteriormente fino ad unirsi a quella più grande, di circa 500 armati, al comando di Bartolomeo Jahier, creando così un'unica formazione forte di 700-800 combattenti, suddivisi in compagnie di 25 o 30 soldati, comandati da capitani, tenenti e sergenti.

Inizialmente l'esercito venne messo al comando di Jahier, con Janavel come suo luogotenente (fino alla morte del primo, avvenuta il 15 giugno 1655). Dopo il suo ferimento, avvenuto il medesimo giorno della morte di Jahier, Janavel dovette lasciare le operazioni per oltre un mese.

Ma le fila dei valdesi continuarono ad ingrossarsi e, grazie al sopraggiungere di volontari riformati francesi, arrivarono a oltre 2.000 combattenti. In questo periodo venne formato addirittura un reparto di cavalleria. Ma proprio quando i valdesi erano ormai in procinto di sferrare nuovi attacchi decisivi nelle valli, nell'agosto 1655, sopravvenne un accordo per la cessazione totale delle ostilità.

Nel 1663-1664, quando scoppiò un nuovo conflitto tra valdesi e ducali, che verrà chiamato "la guerra dei banditi," i valdesi riuscirono ad ottenere sin da subito un sostegno dagli ugonotti francesi, ma anche da protestanti provenienti dai paesi dell'Europa settentrionale, tra i quali molti erano militari di professione.

Grazie all'instancabile lavoro di Janavel, le truppe valdesi avevano avuto modo di prepararsi per tempo. Riuscirono a mobilitarsi rapidamente e arrivarono a disporre sin dall'inizio anche di alcune colubrine, fuciloni a canna lunga e sottile, che Janavel aveva previdentemente provveduto ad acquistare prima dello scoppio del conflitto e che si sarebbero rivelati utili negli assalti ai centri urbani e alle fortificazioni.

Impossibilitati ad affrontare le forze piemontesi in campo aperto e in grosse formazioni, i valdesi operarono principalmente colpi di mano. Organizzati in piccole bande, utilizzando la conoscenza del terreno, attaccavano in superiorità numerica e da posizioni di vantaggio, pronti però a ritirarsi se incontravano una resistenza troppo forte.

Ancora una volta, le truppe ducali si trovarono in difficoltà nel contrastare efficacemente la guerriglia valdese. Non rimase loro altro che devastare il territorio e perseverare nell'occupazione, lanciando occasionalmente attacchi di rappresaglia, che oggi chiameremmo operazioni di controguerriglia, sperando di prendere il nemico per sfinimento.

Questa strategia, almeno in parte, funzionò, perché alla fine la resistenza dei valdesi e le pressioni diplomatiche dei paesi protestanti del Nordeuropea, sebbene meno forti che in passato, ebbero la meglio e riuscirono a convincere il duca ad addivenire ad un accordo di compromesso che riportava la situazione allo *status quo ante*.

Uno dei prezzi più alti da pagare fu l'espulsione degli esponenti più in vista del movimento di resistenza valdese, tra i quali lo stesso Giosué Janavel. Diversi si questi si rifugiarono nei cantoni svizzeri o in altri paesi protestanti, altri finirono mercenari in eserciti stranieri, alcuni continuarono a rimanere alla macchia tra le valli, e di molti si persero le tracce.

Durante l'invasione del 1686, le cose andarono però diversamente. L'avere, nel 1663-1664, ancora una volta difeso le proprie valli con successo, diede ai valdesi l'illusione di godere una certa invincibilità. Tuttavia, i valdesi caddero nell'errore di rimanere mentalmente prigionieri dei loro passati successi, rinchiudendosi in una sorta di "Maginot" mentale che impedì loro di tenere il passo dei cambiamenti militari che intanto avevano luogo nei principali eserciti europei, compresi quelli francese e sabaudo.

Questo fu facilitato dal fatto che la comunità valdese, per quanto da sempre determinata a difendere le proprie prerogative, non era una comunità militarista, ma fondamentalmente costituita da contadini e allevatori, dei montanari, che per quanto tenaci, combattivi e attaccati al proprio territorio, mancavano di una completa conoscenza della scienza militare dell'epoca e del suo evolversi. Questa inadeguatezza sarebbe emersa in tutta la sua drammatica dimensione nel successivo conflitto del 1686, che aprì la strada a quella che possiamo definire come seconda fase della resistenza valdese.

La seconda fase della resistenza valdese ebbe luogo in un contesto molto diverso rispetto al passato. L'iniziativa era ormai passata alla Francia, che con l'editto di Fontainbleau aveva spianato la via a una nuova ondata di persecuzioni contro ugonotti e valdesi, mentre al Ducato di Savoia non veniva data altra scelta che agire in supporto a questa strategia. La combinazione di queste due forze avrebbe avuto effetti devastanti sulla resistenza valdese.

Nel 1686, infatti, aggrediti da più parti da forze franco-piemontesi armate molto più potentemente e modernamente che in passato e numericamente superiori, non furono in grado di opporre una resistenza efficace e vennero rapidamente sconfitti.

Uno dei motivi della sconfitta risiedeva nel fatto che i membri della vecchia guardia della resistenza valdese, quella formatasi nel periodo 1655-1664, non esistevano ormai più, poiché fuggiti all'estero, morti, dispersi o, semplicemente, invecchiati e non più in grado di combattere. Le tattiche di guerriglia della vecchia leadership militare risultavano ancora efficaci, ma i valdesi mancarono di elaborare un adeguato piano di difesa complessivo e di coordinamento di fronte ad un nemico molto diverso da quello combattuto in passato, sia per consistenza che per mentalità. Non erano più le improvvisate soldataglie mercenarie e paesane che avevano affrontato sino ad allora, erano adesso composte prevalentemente da moderni reggimenti d'ordinanza, fanteria di linea, granatieri, dragoni e artiglieri, avvezzi all'uso delle armi da fuoco e addestrati a mantenere assoluta coesione e capacità di manovra davanti al fuoco nemico. Il loro numero, rispetto a quello dei valdesi, era soverchiante.

Nel 1686, Sotto l'occhio vigile dell'ambasciatore francese a Torino, giunto sul campo per presenziare personalmente alle operazioni militari dell'esercito sabaudo, gli eserciti francese e sabaudo avrebbero fatto addirittura a gara tra di loro per mostrare la loro efficienza. Se Luigi XV per l'occasione incomodò Catinat, il più famoso dei suoi strateghi, e la *crème* delle truppe di cui poteva disporre in quel momento in Italia, Vittorio Amedeo rispose mettendo in campo il fior fiore della propria nobiltà militare e il meglio del proprio esercito. Tanto che solo un reggimento di mercenari germanico e le milizie paesane vennero lasciati a difesa di Torino e del resto del Piemonte. Le truppe sabaude impegnate si aprirono sistematicamente la strada con le artiglierie campali, che portavano con loro anche nelle zone più impervie, facendo negli assalti largo uso di granatieri.

L'impeto, il sincronismo e l'organizzazione con cui i sabaudi intrapresero la loro campagna militare erano fatti per compiacere l'ambasciatore francese, per rassicurarlo sul sincero impegno del Ducato di Savoia di voler cancellare le comunità riformate delle Alpi, ma anche per dimostrargli che il ducato costituiva di nuovo un'entità militarmente credibile, nonostante Luigi XIV continuasse a trattarlo come una semplice appendice del Regno di Francia. Anzi, a voler ben guardare, si poteva già scorgere anche una rivalità tra i due eserciti.

Ma di tutto questo, sul campo i valdesi percepirono solo il maglio che si abbatteva su di loro, la loro inadeguatezza nel contrastarlo, la rapida sconfitta, seguita dai rastrellamenti, le violenze e i consueti massacri.

La popolazione protestante sopravvissuta venne deportata, e quella non disposta ad abiurare la propria fede imprigionata, finché la diplomazia non concesse ai superstiti la possibilità di trasferirsi temporaneamente in Svizzera e, successivamente, nei paesi protestanti del Nord Europa. Come vedremo in seguito più dettagliatamente, la maggior parte non avrebbe accettato questo destino, nel 1689, avrebbero organizzato quello che sarebbe rimasto alla storia come il "Glorioso Rimpatrio", una spedizione militare, che con un'epica marcia di 382 km, avrebbe attraversato le alpi per riprendere possesso delle valli valdesi.

Questa spedizione, organizzata da un gruppo dirigente composto da Enrico Arnaud, Antoine Turel, Mondon e Paul Pellenc e altri ufficiali, venne sostenuta dall'Olanda, dalla Svizzera e da altre potenze protestanti. All'interno del gruppo dirigente vi era anche l'ormai settantaduenne Giosué Janavel, il vecchio "leone delle valli", il quale, tuttavia, a causa dell'aggravarsi delle sue condizioni di salute, non poté partecipare attivamente ai suoi preparativi, contribuendovi però con la stesura delle "Istruzioni Militari", un manuale di guerriglia, scritto inizialmente in lingua francese, che sarebbe rimasto alla storia come il primo manuale del suo genere mai scritto in Europa. Questo manuale venne fatto circolare tra i partecipanti, molti dei quali lo portarono con loro durante la campagna militare.

Con le loro nozioni di guerriglia frammiste a esortazioni religiose, le Istruzioni contribuirono alla formazione e al morale dei volontari, specialmente dei più giovani, alla prima esperienza militare.[35] Questo documento, però, aveva anche dei limiti. I suoi scritti si basavano, infatti, sull'esperienza diretta di Janavel e, quindi, sul modo di fare la guerra in uso negli anni '50 e '60 del XVII secolo, e sebbene rimanendo validi nella loro essenza, risultavano, quindi almeno in parte superati davanti alla modernità e all'efficienza degli eserciti francese o sabaudo.

La guerra del 1689-1690 sarebbe stata combattuta con l'uso da parte di entrambi gli schieramenti di arsenali moderni. Al momento della partenza, ai valdesi e ai protestanti aggregati alla spedizione vennero, infatti, fornite armi di prim'ordine, pagate dall'ambasciatore olandese a Ginevra. Si trattava di fucili a pietra focaia, pistole, spade militari e baionette a tappo, oltre che munizioni e polveri in quantità.

Sebbene i fucili a pietra focaia non fossero una novità assoluta, molti eserciti europei avevano tardato nell'adottarli in modo sistematico. Nell'esercito francese, ad esempio, i soldati impiegavano in gran parte ancora archibugi a miccia, mentre i fucili a pietra focaia rappresentavano una rarità. La loro minore sensibilità all'umido e alla pioggia, condizioni tipiche in ambiente montano, e una cadenza di tiro molto più rapida di quelli a miccia, rappresentavano un fattore non trascurabile per i valdesi, che rischiavano di combattere il nemico in condizioni di netto svantaggio numerico.

---

35   Le prescrizioni su come condurre la guerriglia nelle valli valdesi contenute nelle Istruzioni di Janavel erano molto probabilmente già ben note ai valdesi che avevano partecipato alla sfortunata difesa delle valli del 1686, ma non dai membri più giovani della spedizione e volontari ugonotti aggregati al contingente valdese.

Per quanto riguarda le dimensioni della spedizione valdese, all'inizio questa contava 972 effettivi, una forza più o meno equivalente a un paio di reggimenti di fanteria dell'epoca. Era una forza moderna ed efficiente, perfettamente addestrata e animata da un forte spirito religioso. I suoi combattenti erano stati addestrati e organizzati da ufficiali mercenari protestanti. A tutti i suoi membri era stata data un'uniforme, consistente in una marsina di feltro grigio-bianco con paramani, cappello a tricorno gallonato, armi e munizioni, come un qualsiasi reparto regolare ben equipaggiato dell'epoca.[36]

I membri della spedizione erano stati suddivisi in 20 compagnie di circa 45-50 uomini ciascuna. Attorno al nocciolo duro delle compagnie valdesi, 13 in tutto, vi erano sei compagnie di ugonotti francesi e una di volontari di varia provenienza, fra le quali militavano diversi svizzeri. Le compagnie erano composte in modo da risultare omogenee: quelle valdesi erano composte da uomini provenienti dallo stesso paese d'origine, in modo da formare nuclei coesi, legati da vincoli di parentela, dialetto e ricordi comuni.

L'ordine di battaglia del reggimento era composto dalle seguenti compagnie: tre compagnie Angrogna (capitani Laurent Buffa, Etienne Frasche e Michel Bertin); due compagnie Giovanni (capitani: Bellion e Besson); compagnia Torre (Jean Frasche); compagnia Villar (Paul Pellenc); due compagnie Bobbio (Martinat e Mondon); compagnia Prarostino (Daniel Odin); compagnia S. Germano e Pramollo (Robert); compagnia Massello (Filippo Tronc Poulat); compagnia Prali (David Peyrot); sei compagnie estere ugonotte (Martin, Privat, Lucas, Turel, Fonfréde e Chien); e la compagnia volontari.

Un elemento innovativo delle compagnie della spedizione valdese del Glorioso Rimpatrio risiedeva nella scelta del capitano, che venne lasciata ai membri della compagnia stessa: una rivoluzione totale rispetto alla prassi vigente negli eserciti dell'epoca, tra cui quello francese e sabaudo, dove il capitano, che di solito un nobile, era scelto dai superiori. E dove era pratica comune degli ufficiali acquistare i propri gradi, comprando una patente o brevetto.

Al momento della partenza, la spedizione venne suddivisa in tre gruppi, ciascuno con una precisa funzione. Il primo era composto da un'avanguardia, incaricata dell'esplorazione dei luoghi e dell'individuazione di potenziali pericoli/ostacoli per il corpo di spedizione principale, il quale, in caso di necessità poteva disporsi in ordine di battaglia a supporto dell'avanguardia. Il corpo di spedizione principale rappresentava il secondo e più importante gruppo della spedizione, nonché quello più consistente. Il terzo gruppo era rappresentato dalla retroguardia ed era incaricato di proteggere da tergo la colonna, o le colonne avanzanti. Nel caso di attacchi a paesi difesi o per rendere più difficili le imboscate, si prevedeva a volte la marcia parallela di una o più colonne d'appoggio.

In battaglia, i valdesi facevano affidamento principalmente sull'arma da fuoco individuale in dotazione: il fucile a pietra focaia. Per sconfiggere il nemico, cercavano di neutralizzarlo con attacchi improvvisi, cercando non solo di eliminarlo fisicamente, ma anche di mandarlo in confusione, scompaginandone i ranghi. Non appena il nemico perdeva coesione, i valdesi erano soliti gettarsi contro di lui e finirlo all'arma bianca, senza alcuna pietà.

In questa guerra, infatti, di solito non si facevano prigionieri. Solo eccezionalmente i valdesi ne facevano, qualora rappresentassero un'utile merce di scambio per ottenere la liberazione di altri prigionieri. Del resto, per i valdesi e i volontari ugonotti e protestanti al loro seguito, l'eliminazione dei prigionieri non era solo motivata dallo spirito di vendetta o dall'astio religioso, ma anche dal bisogno di non lasciare alcun testimone che potesse fornire informazioni

---

36   L'aspetto e l'armamento dei valdesi al momento della loro partenza da Ginevra furono raffigurati da Jan Luyken nel 1700, ad accompagnamento delle pagine dell'Historiche Kronyck, opera pubblicata in tre volumi dal 1698 al 1700.

sull'entità e lo stato delle loro forze.

Nonostante questo, durante le trattative con il nemico o le marce di avvicinamento alle valli, i valdesi fecero uso di ostaggi, utili a volte per il superamento di postazioni avversarie, soprattutto quando da parte del nemico non c'era un vero e proprio desiderio di combattere.

Una volta giunti nelle valli, l'eliminazione dei prigionieri divenne per i valdesi una necessità, motivata dalla estrema durezza delle condizioni in cui operavano in montagna e dall'impossibilità logistica di controllare, ospitare e sostentare grossi gruppi di prigionieri, anche a causa del ridotto numero di combattenti tra le loro fila, che nelle fasi finali del conflitto, tra uccisioni, ferimenti, diserzioni e catture si assottigliarono, riducendosi a non più di 300 uomini.

Il simbolo dei valdesi

La guerriglia valdese si fondava su attacchi improvvisi a colonne di soldati in marcia, convogli di salmerie e centri abitati. Per attuarle, i valdesi si attestavano, inizialmente, sempre su posizioni elevate. Le azioni venivano preparate con cura da un numero variabile di combattenti, normalmente da poche unità fino a un centinaio. I valdesi venivano disposti in modo da concentrare il loro fuoco sul nemico, con l'obiettivo di scompaginarne i ranghi e impedire che si riorganizzasse e contrattaccasse. Se messo in rotta, il nemico veniva inseguito fino alla sua eliminazione.

E' interessante notare che, a differenza di altri eserciti dell'epoca - tra cui quello francese - dopo l'arrivo nelle valli, a seguito di alcuni episodi di saccheggio, la leadership della spedizione valdese vietò ai suoi membri di procedere al saccheggio individuale e alla spoliazione degli averi dei cadaveri e dei prigionieri.

Il motivo del divieto di saccheggio risiedeva nel fatto che questa attività era considerata deprecabile da un punto di vista morale. La spoliazione dei morti e dei prigionieri venne quindi attuata come una necessità di guerra ed eseguita soltanto da persone appositamente incaricate e non durante lo svolgimento delle azioni. Del resto, era noto che questa pratica era responsabile di causare disordine tra i ranghi e rischiava di compromettere l'azione offensiva, dando tempo al nemico di riorganizzarsi.

L'attacco a posizioni fortificate nemiche, forti e campi trincerati, questi ultimi costruiti un po' ovunque tra il 1686 e il 1690 nella valle di San Martino, risultava particolarmente complicato per i valdesi, i quali non disponevano di pezzi di artiglieria adatti.

I centri abitati venivano attaccati solo se non erano adeguatamente presidiati. La presa di un centro abitato, di solito, si realizzava con una rapida penetrazione al suo interno, sino al raggiungimento della piazza, e sfondando le porte si procedeva all'occupazione delle principali abitazioni, sui tetti delle quali venivano posizionati tiratori scelti. L'obiettivo era quello di isolare la guarnigione a presidio dell'abitato in piccole sacche di resistenza, impossibilitandole a comunicare tra loro e dando alle fiamme gli edifici dove rimanevano asserragliate per costringerle così alla resa.

I valdesi distrussero numerose chiese e conventi, non per motivi religiosi, ma per impedire che venissero utilizzati dall'esercito franco-sabaudo come fortilizi improvvisati, in grado di ospitare grandi quantità di soldati e salmerie.

4. LE GUERRE CONTRO I VALDESI DAL 1655 AL 1690

4.1 Le "Pasque Piemontesi" (1655)

Su richiesta ducale, il 25 gennaio 1655 l'*auditore* Andrea Gastaldo emanò un'ordinanza che ingiungeva ai valdesi abitanti nei territori proibiti dalle capitolazioni di Cavour (1561), tra cui: Torre, Luserna, San Giovanni, Lusernetta, Fenile ed altri, di ritirarsi con i loro beni entro i limiti tollerati, ossia nei villaggi di Angrogna, Villar, Bobbio, Rorà e la cosiddetta «Ruata dei Bonetti o Rua di Bonetti».[37]

In base a questa ordinanza, i riformati delle valli avrebbero avuto venti giorni di tempo per vendere i loro beni e lasciare i luoghi soggetti a proibizione o, in alternativa, convertirsi al cattolicesimo.

Poiché questa ordinanza ripeteva, anche se con qualche variante, quanto già richiesto in passato in altri editti e ordinanze che erano stati ignorati, convinti probabilmente di poter fare rientro in breve tempo alle loro case, i valdesi obbedirono. Così, nel bel mezzo dell'inverno si ritirarono nell'alta val Luserna.

L'ordinanza creò non pochi problemi a tutta la popolazione protestante delle valli, che si trovò, in pieno inverno e senza essere stata informata con il dovuto anticipo, a dover far fronte ai bisogni delle famiglie valdesi espulse dalle loro case. Ma questo era solo l'inizio dei problemi.

Mentre le comunità valdesi inviavano suppliche al ventunenne duca Carlo Emanuele II, alla reggente Cristina di Borbone e al marchese di Pianezza, e si rivolgevano alle chiese e alle autorità protestanti europee per averne l'appoggio, giunsero dalla Svizzera notizie di una probabile operazione militare sabauda contro i riformati delle valli.

Questa e le altre Illustrazioni che seguono sono tratte dal libro *The History of the Evangelical Churches of the valleys of Piedmont* di Samuel Morland, che narra in maniera dettagliata tutte le torture e i soprusi patiti dai valdesi nelle guerre della seconda metà del '600.

---

37   Jalla Ferruccio, Giosué Gianavello (1617-1690), Torre Pellice, Società di Studi Valdesi, 1991. Pag. 10. Disponibile online al seguente indirizzo web: www.studivaldesi.org/pdf/00002_17-02-1991_.pdf

Le notizie si rivelarono fondate: il 17 aprile 1655, infatti, il marchese di Pianezza partiva da Lombriasco in direzione delle valli valdesi, con un'avanguardia che comprendeva il reggimento di fanteria Livorno, con 500 uomini, la "colonnella di corazze Livorno", con 200 uomini, ed alcune milizie paesane. Era un piccolo contingente, che però nei giorni successivi si sarebbe ingrossato con l'arrivo di ulteriori truppe.

L'obiettivo di Pianezza era quello di scacciare l'eresia dalle valli popolate dai valdesi con qualsiasi mezzo, per riportarle sotto il pieno controllo del Ducato di Savoia. Secondo questo piano, alla popolazione riformata, circa 18.000 anime, non sarebbe stata data altra scelta che abiurare la loro fede o subire l'annientamento.

Il marchese, probabilmente di sua iniziativa, ma con il tacito consenso della corte, desiderosa di una soluzione rapida e definitiva della questione valdese, aveva ideato un piano: imporre alle comunità di alloggiare temporaneamente le sue truppe e quelle francesi, che proprio in quel momento stavano passando le Alpi per scendere nella Pianura Padana, in modo che, al minimo atto di ribellione, i valdesi potessero essere massacrati.[38]

A questo scopo, oltre alla sua avanguardia, nei giorni successivi Pianezza avrebbe fatto giungere nelle valli altri sei reggimenti e alcune milizie paesane composte da volontari. Tre di questi reggimenti, il Chambellay[39], il Grancey (o Gransé)[40] e il Monpezat[41]; erano reggimenti francesi.[42] Un ulteriore reggimento, il Preston, era al diretto servizio del Ducato di Savoia ed era composto da mercenari cattolici irlandesi.[43]

Tra queste truppe vi erano anche la Colonnella di cavalleria di Vendri e di Bresanta, un reggimento di cavalleria straniera al servizio del Duca di Savoia,[44] e un reggimento di fanteria sabauda, il Carignano. Ad esse si aggiungevano poi la compagnia di San Damiano, giunta da Saluzzo e forte di un centinaio di uomini. E alcune milizie comunali, quelle di Barge e Bagnolo[45] e quelle di Saluzzo e Costigliole, nonché un'ulteriore compagnia di mercenari irlandesi al comando del conte D. Antonio Francesco Gentile, governatore di Villanova d'Asti.

E' difficile stimare con precisione il numero di soldati che erano stati posti al comando del Pianezza per questa operazione, perché all'epoca i reggimenti non avevano un vero e proprio standard, sia per quanto riguardava il numero degli effettivi, sia per il loro armamento. Questi sarebbero stati infatti introdotti solo a partire dagli ultimi decenni del XVII secolo.

Il numero di effettivi poteva variare da reggimento a reggimento, oscillando da 250 a 500 uomini. Ad esempio, i reggimenti francesi Chambellay e Grancey ne avevano rispettivamente

---

38   Carlo Giuseppe Guglielmo Botta Silvestri, Storia d'Italia continuata da quella del Guicciardini sino al 1814, Milano, Giovanni Silvestri, 1843, Volume 2. Pag.652.

39   Comandato dal colonnello Chambellay

40   Comandato dal Signore di Petit-bourg.

41   Il reggimento di Montpezat era stato creato il 10 luglio 1636 dal Cardinale Richelieu come guarnigione per la marina reale francese e posto agli ordini del marchese di Montpezat. Il 18 maggio 1643, questa unità era stata messa agli ordini del principe Maurizio di Savoia-Soissons.

42   Spesso i reggimenti francesi coinvolti nelle Pasque Piemontesi vengono indicati erroneamente come in numero di sei e non di tre, includendo tra questi il reggimento Carignano (indicato come "Carignan"), il reggimento De Ville e un reggimento irlandese. In realtà il reggimento Carignano faceva parte dell'esercito sabaudo, così come, in quello specifico momento, il reggimento di mercenari irlandesi "Preston". Non risulterebbe, invece, essere mai esistito nell'esercito francese un reggimento De Ville, né tantomeno esistita una sua presenza operativa durante le Pasque Piemontesi. E' probabile che, in quest'ultimo caso, alcuni storici abbiano scambiato per francese il reggimento sabaudo di cavalleria straniera agli ordini del marchese Galeazzo Villa. Questo errore si origina probabilmente dal fatto che nei documenti storici questa unità è stata spesso indicata come reggimento "di Villa" (indicato nei testi in lingua francese e inglese come "Marquis Ville" o "de Ville"). Vedere ad esempio, Thurloe John, A Collection of the State Papers of John Thurloe, December 1654 to September 1655, London, Thomas Woodward and Charles Davies, 1742. Pag 460.

43   Il reggimento irlandese di Preston apparteneva al generale Thomas Preston ed era probabilmente comandato dal figlio secondogenito James.

44   Comandato dal Marchese Galeazzo Villa.

45   Bagnolo al comando del conte Bartolomeo di Bagnolo e del capitano Mario di Barge.

250 e meno di 400; quello irlandese, circa 400, ma armati in modo insufficiente; mentre il reggimento di fanteria Livorno, comandato direttamente dal Pianezza, superava i 400 effettivi. Possiamo quindi ragionevolmente stimare che il totale della forza sotto il comando del Pianezza nel momento di massimo impegno, che coincide con le 3 o 4 settimane di occupazione, non superasse i 4.000 uomini.

Entrato in val Pellice, la sera del 17 aprile, Pianezza si accampò con i 700 uomini della sua avanguardia nel piano di S. Giorgio, tra i paesi di Luserna e di S. Giovanni. Trovò i due paesi deserti, in quanto i valdesi, già informati di un possibile attacco, avevano provveduto ad evacuarli, rifugiandosi in buona parte all'interno dell'abitato del vicino paese di Torre, che si trova più all'interno nella valle, a circa un paio di chilometri di distanza.

A Torre, il marchese trovò i valdesi già in allerta. Presentò quindi una richiesta formale alle autorità locali perché provvedessero a dare alloggio alle sue truppe, come le leggi ducali imponevano. I valdesi, consapevoli del pericolo rappresentato da questa richiesta, prima negarono l'ospitalità e poi chiesero tempo per riflettere.

Il marchese allora reiterò la richiesta di acquartieramento e, ad un nuovo rifiuto dei valdesi, lanciò un ultimatum alla città. Gli abitanti predisposero in tutta fretta delle difese e, verso le 22:00 le truppe del marchese iniziarono ad attaccare l'abitato, difeso da pochi uomini (forse seicento). Ne nacque un aspro combattimento che si protrasse fino all'una del mattino, durante il quale i valdesi riuscirono a inchiodare gli attaccanti sulle loro posizioni, finché altre truppe ducali, al comando del marchese Galeazzo Villa, nel frattempo sopraggiunte guadando il torrente Pellice dall'Inverso, non riuscirono ad aggirare le barricate dei difensori e a penetrare nell'abitato dalla parte opposta, prendendo così alle spalle i valdesi.

In questa azione fu determinante la prontezza del marchese Galeazzo Villa che, senza attendere ordini, vedendo la possibilità di forzare le difese valdesi mandò all'assalto la compagnia di San Damiano, giunta con lui da Saluzzo, insieme alle milizie di volontari di Bagnolo e Barge e alle compagnie della Colonnella di cavalleria di Vendri e di Bresanta, al suo diretto comando. I valdesi, soverchiati nel numero, iniziarono una disperata difesa all'interno dell'abitato, che

si trasformò presto in una serie di combattimenti casa per casa che si protrasse fino alle due del mattino. Durante questi combattimenti, parte dei difensori riuscì comunque a rompere l'accerchiamento e a fuggire, guadagnando i monti, mentre le truppe di Pianezza prendevano possesso del paese, eliminando le ultime sacche di resistenza al suo interno.

Tuttavia, sfinite dalla lunga marcia di avvicinamento a Torre, durata 14 ore, e dai successivi combattimenti, le truppe ducali desistettero dal lanciarsi all'inseguimento dei fuggiaschi e si acquartierarono all'interno dell'abitato per riposare durante il resto della notte. Solo il giorno successivo, il 18 aprile, il giorno della Domenica delle Palme, Pianezza mandò le sue truppe alla ricerca dei fuggitivi e, verso sera dello stesso giorno, iniziarono a giungere nuove truppe.

Pianezza impiegò i primi giorni per estendere e consolidare l'occupazione della bassa val Luserna e procedere alla distruzione degli insediamenti sui primi pendii sovrastanti gli abitati di Torre e San Giovanni e allo smantellamento dei luoghi di culto valdesi.

Durante questo periodo, si procedette con le trattative con i ribelli e al sistematico saccheggio della valle. Non si sa quanto di questo fosse pianificato, ma all'epoca il saccheggio in territorio nemico era un atto consueto. Le truppe di Pianezza erano composte principalmente da mercenari e da volontari delle milizie paesane: se per i primi il saccheggio costituiva una pratica normale per integrare la paga, per i secondi rappresentava addirittura il principale motivatore della loro presenza in quei posti.

Tuttavia, tra il 19 e il 20 aprile, l'occupazione dei paesi della bassa val Luserna si rivelò più difficile del previsto e ad Angrogna, Bricherasio, San Giovanni e Tagliaretto, le truppe ducali vennero respinte con forti perdite, solo in queste ultime due località lasciando sul terreno una cinquantina di uomini, contro due sole perdite da parte valdese.[46]

Davanti a questi smacchi militari, Pianezza cambiò allora strategia e, la mattina del 21 aprile, fece convocare i rappresentanti dei valdesi; durante l'incontro riferì loro che le aggressioni dei militari erano state dovute solo all'indisciplina delle truppe, le quali avevano contravvenuto agli ordini lasciandosi andare a comportamenti deprecabili. Quindi, propose loro di alloggiare

46   Muston Alexis, The Israel of the Alps, a History of the Waldenses, Vol. 1, London, Blakie & Son, 1875. Pag. 346.

le sue truppe in piccoli distaccamenti in tutti i paesi dell'alta valle. I valdesi si convinsero ad accettare queste richieste quasi all'unanimità, con i soli voti contrari del pastore Jean Léger e Giosué Janavel, un contadino di Vigne che in seguito sarebbe diventato uno dei principali leader della resistenza valdese, che fece ritorno a Rorà.[47] Questa decisione, che poteva apparire sensata poiché finalizzata a diluire il peso dell'ingombrante presenza delle soldataglie ducali per le valli di Luserna e Angrogna, di fatto, apriva però la strada alla loro occupazione e, nei giorni successivi avrebbe avuto gravissime conseguenze.

Ottenuto il consenso dei valdesi, quella sera stessa il Pianezza ordinò alle truppe di installarsi in tutte le valli di Luserna e di Angrogna. Al reggimento francese Chambellay, nel frattempo sopraggiunto, e al reggimento di cavalleria del marchese Galeazzo Villa con le milizie di Bagnolo venne dato ordine di risalire lungo gli argini del torrente Pellice e occupare, rispettivamente, i paesi di Villar (oggi Villar Pellice) e Bobbio (oggi Bobbio Pellice).

La valle di Angrogna era una valle coperta da fitti boschi che si dipartiva da Torre e si estendeva verso nord seguendo il corso dell'omonimo torrente. Lì vennero inviati il reggimento Livorno, la compagnia irlandese e uno squadrone di cavalleria, che però si limitarono ad occupare la metà inferiore della valle, rimanendo su queste posizioni in attesa dell'arrivo del reggimento francese Grancey per occupare anche quella superiore.

A Tagliaretto, villaggio posto sulle prime montagne che sovrastano Torre, giunsero due reggimenti, uno dei quali diede fuoco alle case. Tutti gli uomini validi fuggirono in val Chisone, in territorio francese, lasciando nei paesi solo vecchi, donne e bambini. Nel resto della val Luserna, invece, l'occupazione avvenne in modo relativamente tranquillo, con appena qualche episodio di violenza.

Forse per errore o perché considerati poco importanti, solo il piccolo abitato di Rorà e la relativa valle rimasero momentaneamente liberi dall'occupazione delle truppe ducali.

Mentre accadeva tutto questo, venuti a conoscenza dei saccheggi nella bassa val Luserna, molti valdesi avevano abbandonato le loro case ed erano fuggiti sui monti o nelle valli adiacenti, in

---

47   Muston Alexis, The Israel of the Alps, a History of the Waldenses. Op. Cit. pag. 346-347.

territorio francese (val Perosa e Queyras), limitandosi a qualche sporadico atto di difesa.

Questi episodi di resistenza indispettirono però il Pianezza e i soldati, convinti ormai di avere in pugno il territorio. I giorni successivi furono, comunque, abbastanza tranquilli, tanto che alcuni valligiani fecero ritorno alle loro case. Tuttavia, si trattava di una calma ingannevole, perché, riunite le forze, il 24 aprile il Pianezza scatenò una brutale repressione che causò il massacro della popolazione civile di Torre e di tutti i paesi delle valli e che durò i tre giorni successivi. Si stima che in questa occasione in cui si stima che vennero torturate e brutalmente uccise 1.712 persone, compresi vecchi, donne e bambini.

L'obiettivo dell'azione era chiaro, come si può evincere anche dalle lettere scritte dal Pianezza e indirizzate alla Madama Reale: eliminare fisicamente la presenza valdese dalle valli per ripopolarle con nuove popolazioni cattoliche. In una lettera datata 25 aprile, infatti, il Pianezza si esprimeva in questi termini: "...credo che Nostro Signore... gli neghi [ai Valdesi] il lume necessario per conoscer il suo bene et voglia che si pensi a purgar intieramente questo sì bel paese dall'infettione dell'eresia et della ribellione con introdurvi una nuova colonia di cattolici et boni suditi di S.A.R.". Questa volontà spiegherebbe anche il mancato perdono del Pianezza agli abitanti della valle di San Martino che erano venuti a chiederlo. Anzi, il 26 aprile il Pianezza ordinava a tutti i valdesi di Prarostino, val Perosa e S. Martino di "deshabiter promptement peine la Vie". Una richiesta che non si può spiegare in altro modo che con l'intento di creare vuoti da riempire in futuro con nuove popolazioni cattoliche.

Mentre infuriavano le violenze, le distruzioni e i saccheggi delle soldatesche ducali ai danni della popolazione valdese, qualcuno cercò di salvarsi abiurando. Altri, scampati ai massacri, cercarono terrorizzati rifugio in alta montagna o nel territorio della val Perosa e del Queyras, passando attraverso i monti innevati, dove molti morirono di stenti o travolti dalle valanghe. Altri ancora, raggiunti sui monti dalle truppe ducali, vennero trucidati senza pietà.

Nella valle di Angrogna, dove operavano il reggimento di fanteria francese Grancey, mercenari irlandesi e alcune milizie paesane, vennero compiuti atti di particolare accanimento contro la popolazione civile, tanto che il signore du Petitbourg, il comandante del reggimento francese, di credo protestante, se ne ritrasse inorridito, protestando per la barbarie.

In val di Luserna, Villar e Bobbio vennero saccheggiate dalle milizie del marchese Galeazzo Villa, avide di bottino. Molti cercarono scampo in val Perosa, in territorio francese, attraverso i monti o guadando le fredde acque del torrente Chisone.

Come già detto, i massacri e le violenze obbligarono non pochi valdesi a cercare scampo ripudiando la propria fede. Due loro ministri, Aghit e Gros, catturati, temendo per le loro vite, per salvarsi decisero di rinnegare il proprio credo. Il loro atto di abiura venne celebrato insieme a quello di altri prigionieri con una solenne cerimonia nella cattedrale di Torino, che sarebbe stata fatta oggetto anche di una speciale pubblicazione celebrativa. Solo uno dei due, in seguito, avrebbe avuto modo di eludere la sorveglianza e tornarsene nelle valli.[48]

In alcuni luoghi i valdesi tentarono di reagire, opponendo una qualche resistenza. Sporadicamente riuscirono persino a respingere momentaneamente le truppe ducali, come ad esempio a Tagliaretto, al Ciabàs, all'imbocco della val Angrogna, e al Castelluzzo, sopra San Giovanni. Tuttavia, solo a Rorà i valdesi riuscirono a tenere in scacco le forze occupanti, grazie alla valorosa difesa di Giosuè Janavel e di un manipolo di montanari, che permise al paese di resistere nove giorni prima di cedere di fronte alla schiacciante superiorità numerica degli attaccanti e venire anch'esso distrutto.

Le truppe ducali non risparmiarono neanche la parte piemontese della valle San Martino. Passando per il colle Giuliano, su questi luoghi piombò il marchese Galeazzo Villa, con 250 fanti; mentre il marchese di S. Damiano, passando per i monti di Angrogna, sbucò in val

48   Ibid.

Perosa.

Spaventata dalla sorte toccata agli abitanti della val Luserna, gran parte della popolazione di questi luoghi era fuggita in Francia, per il Colle Abries o attraversando il Chisone.

Durante i tre giorni, tra il 25 e il 27 aprile, le truppe sabaude si accanirono contro la popolazione civile rimasta, abbandonandosi a stupri, torture ed esecuzioni di massa.[49] In queste violenze, furono soprattutto i mercenari irlandesi, i quali erano inquadrati principalmente nel reggimento Preston e nella compagnia comandata dal Gentile, a distinguersi per la loro particolare ferocia.

Dei mercenari irlandesi al servizio del Ducato di Savoia si sa che quelli che appartenevano al reggimento di Preston erano veterani che avevano combattuto durante le guerre confederate irlandesi (1641-1652) e assistito alla riconquista protestante dell'Irlanda da parte di Cromwell. Queste truppe erano state le ultime ad arrendersi, dopo un duro assedio a Galway, l'ultima roccaforte realista cattolica d'Irlanda, in cui Thomas Preston, il padre di James, aveva negoziato con gli inglesi la resa, ottenendo da questi la possibilità di poter lasciare il paese con i suoi uomini per raggiungere la Francia, dove si era stabilita la corte realista, e mettersi così al servizio del re Carlo II Stuart e di Luigi XIV. Incrudelite dal conflitto religioso nel proprio paese d'origine, le truppe irlandesi, oltre alla tipica rapacità degli eserciti mercenari dell'epoca, dimostrarono di nutrire un particolare odio religioso verso i protestanti, esacerbato dalle esperienze personali maturate durante le guerre di religione in Irlanda.

Poiché i mercenari irlandesi di Preston operarono nelle valli valdesi come quelli che oggi qualcuno ha definito "squadroni della morte", distinguendosi per la particolare efferatezza durante i massacri della popolazione valdese del 1655, molti storici hanno considerato la loro presenza non casuale e un indizio della volontà del Ducato di Savoia di sterminare la comunità protestante delle valli.

Comunque sia, nelle fasi iniziali della repressione, tutto sembrò andare secondo i piani di Pianezza. Il 3 maggio, Angrogna, San Giovanni e Torre erano ormai occupati e ridotti a paesi fantasma; a Villar e a Bobbio i pochissimi superstiti si erano cattolicizzati e non rimaneva che Rorà, che sin dal 24 aprile si batteva con ostinazione contro le forze ducali, ma che sarebbe caduta nei giorni successivi.

Entro il 4 maggio vennero occupate anche San Germano, Pramollo e diversi altri luoghi della val Chisone sotto giurisdizione sabauda, causando anche lì la fuga in massa della popolazione. Tuttavia, mentre accadeva tutto questo, grazie agli appelli del pastore Jean Léger e alle pubblicazioni stampate nei paesi protestanti, l'Europa ebbe subito notizia degli stupri, delle torture e dei massacri contro la popolazione valdese, iniziando a mobilitarsi in loro favore.[50]

Inoltre, una volta assorbito il colpo, anche la reazione valdese nelle valli non tardò a materializzarsi: la prima azione offensiva di guerriglia organizzata contro le truppe ducali si ebbe già il 4 maggio a Prali, in val San Martino, a opera di Bartolomeo Jahier, il quale attaccò gli uomini del marchese Villa, impegnati in un rastrellamento, obbligandoli momentaneamente a ripiegare. Nell'occasione, per ristabilire la situazione, i ducali dovettero rispondere impegnando, oltre alle truppe di Galeazzo Villa e quelle di San Damiano, anche i reggimenti Carignano, Grancey e Monpesat.

Nonostante l'episodio di Prali, la popolazione valdese si presentò al cospetto dei rappresentanti ducali con l'intenzione di salvarsi abiurando e così avvenne anche nel resto della val San Martino, tanto che il giorno 8 maggio veniva firmato ai Chiotti di Perrero l'atto di sottomissione e di

49   Muston Alexis, The Israel of the Alps, a History of the Waldenses, Op. Cit. Pag. 348-354.
50   Solo in seguito, sarebbero giunte anche le opere di ampiezza più vasta come quella del diplomatico inglese Samuel Moreland - The History of the Evangelical Churches of the Valleys of Piemont (1658) – dello stesso Léger - Histoire General des Eglises Evangeliques des Vallees de Piedmont, ou Vaudoises (1669) - e Alexis Muston - Israel of the Alps (1854).

abiura di tutta la bassa val Chisone, per mezzo dei suoi rappresentanti e ostaggi.

Certo della vittoria conseguita, considerando la campagna contro i valdesi ormai conclusa, il marchese di Pianezza cedette alla pressante richiesta del Principe Tommaso di Savoia, che stava organizzando un'armata franco-savoiarda per marciare contro gli Asburgo nel Milanesato, e che chiedeva l'immediato invio di tutte le truppe disponibili per l'impiego in questa nuova campagna.

Le truppe francesi e quelle ducali, ormai ritenute non più necessarie, vennero quindi congedate e inviate a Villafranca d'Asti per congiungersi all'armata franco-savoiarda, la quale, tra il 24 luglio e il 14 settembre 1655, avrebbe messo sotto assedio Pavia.

Nelle valli, il Pianezza rimase così con solo poche truppe, che avrebbero dovuto mantenere l'ordine e impedire il ritorno dei fuggiaschi.

In realtà, l'ottimismo del Pianezza non poggiava su solide basi, per una serie di motivi: le abiure estorte con la forza alla popolazione valdese rappresentavano, ovviamente, delle conversioni di comodo, prive di valore spirituale e, come tali, inconsistenti. L'idea che un paio di reggimenti ducali e un po' di miliziani bastassero a garantire l'occupazione delle valli e la loro riconversione al cattolicesimo era irrealistica, soprattutto perché sottostimava la capacità dei valdesi di riorganizzarsi e condurre una efficace guerriglia.

Infatti, i profughi valdesi rifugiati nel Queyras e nella val Chisone francese, sarebbero ritornati nelle valli nel giro di pochi giorni, trasformandole in un campo di battaglia, in cui le loro abilità nel condurre azioni armate basate su attacchi a sorpresa, avrebbero messo in crisi l'intero sistema militare ideato dal Pianezza per controllare le valli.

In realtà, il sollecito licenziamento di gran parte delle truppe fino ad allora impiegate nella repressione dei valdesi fu dovuto non solo all'imminente guerra nel Milanesato. Un altro motivo risiedeva nel fatto che gran parte dell'esercito al seguito del Pianezza era composto da volontari delle milizie, i quali, soddisfatte le loro voglie a spese dei poveri valdesi, miravano a tornare alle proprie case, come ammetteva lo stesso Pianezza nelle lettere indirizzate alla

Madama Reale.[51] Questo veniva crudamente confermato anche dal marchese Villa, che in una lettera scritta da Bobbio, datata 28 aprile 1655, parlando del capitano Mario di Barge e delle sue milizie paesane dichiarava: *"Al presente non si trova più botino et per conseguenza i soldati non voliono più andar avanti."* Gli uomini al servizio del capitano Mario di Barge dovevano essere particolarmente inclini al saccheggio, tanto che lo stesso Pianezza, in occasione del mancato attacco a Rorà del 3 maggio era costretto ad ammettere: *"...Il capitano Mario si ritirò con la sua gente sbandata, per essersi voluta troppo presto applicar a qualche bottino".*

La forza di queste milizie si era andata riducendo, poiché la maggior parte dei volontari le avevano abbandonate per trasportare alle proprie case, a Barge e a Bagnolo, il ricco bottino di vettovaglie, vestiti, oggetti preziosi, masserizie e bestiame predato durante la campagna.

A partire dall'11 maggio, rimasero a presidio delle valli solo poche unità, tra cui i due reggimenti di Pianezza, ossia il reggimento di fanteria e la "colonnella" di corazza Livorno, il reggimento di Galeazzo Villa, la compagnia di San Damiano. Il reggimento Preston venne stanziato invece Bricherasio e San Secondo, a presidio delle vie d'accesso alle valli.

Entro la metà di maggio, molti gruppi valdesi, in precedenza fuggiti in val Chisone, si concentrarono al Verné con la ferma intenzione di intraprendere una lotta armata per riconquistare le valli. Il 15 maggio li raggiunse il capitano Bartolomeo Jahier di Pramollo, che già il mese scorso si era fatto conoscere per il suo energico comportamento nella difesa di Torre e per avere costretto alla fuga il nemico in val San Martino. Il Verné era uno sperduto villaggio della val d'Angrogna, sul pendio di una ripida collina e circondato da intricati boschi e burroni. I pochi sentieri e mulattiere che lo raggiungevano, con i loro tortuosi tornanti di montagna, erano l'ideale per tendere imboscate: Un incubo nel quale nessuno sano di mente si sarebbe mai sognato di entrare con intenzioni ostili. Con la sua posizione, così ben protetta dalla natura, il Verné sarebbe presto divenuta la principale base di operazioni della resistenza valdese, da cui si sarebbero intraprese con successo operazioni militari verso sud, in val Luserna, e a est, a Bricherasio, Garzigliana, Osasco e San Secondo.

---

51 Lettere pubblicate nel Bollettino della società di studi valdesi, Torre Pellice, n.98, dicembre 1955. Pagg. 21- 49.

Nel frattempo, il 20 maggio, senza neppure essere a conoscenza di quanto stava accadendo in val d'Angrogna, Janavel era tornato dal Queyras con duecento compagni ben armati e provvisti di cibo e munizioni e si era installato alla Pelà des Geymets, dove alcune case formavano un borgo non lontano dal crinale che separa il vallone della Liussa dalla valle di Rorà: un luogo di difficile accesso, ma da dove si poteva subito scorgere il nemico.

Senza inizialmente coordinare la sua azione con quella dei compagni del Verné, Janavel aprì le ostilità già il giorno successivo. Dopo aver attraversato le valli di Rorà e Luserna, con i suoi uomini, Janavel uscì dai boschi che separavano Luserna da Bibiana e attaccò Lusernetta, saccheggiandola. Successivamente, compì azioni anche contro Torre e Villar, giungendo a isolare persino il forte di Mirabouc e spargendo il terrore nei paesi ai piedi delle montagne.

Il 23 maggio 1655, in risposta al deteriorarsi della situazione, venne posta una taglia di 600 ducatoni per Jan Léger, Bartolomeo Jahier e i suoi fratelli e di 300 ducatoni per Giosué Janavel e i suoi fratelli. Somme notevoli, sufficienti a comprare terre e patrimoni immobiliari di cospicuo valore, che danno l'idea dell'importanza che questi personaggi avevano già acquisito nell'ambito del conflitto.

Mentre crescevano gli attacchi da parte di Jahier e Janavel, in val Perosa il pastore Jean Léger promosse un'assemblea pubblica allo scopo di decidere il da farsi. Questa scartò qualsiasi ipotesi di resa e di esilio forzato, un'idea paventata da una minoranza di pastori della val Pragelato (oggi chiamata Alta val Chisone), e affidò al capitano Jahier il comando supremo delle forze valdesi, a Janavel il ruolo di vicecomandante, e al pastore Léger il compito di recarsi in missione diplomatica a Parigi e Londra, per chiedere la protezione del re di Francia Luigi XIV e del Lord Protector di Inghilterra, Scozia e Irlanda, Oliver Cromwell.

La mattina del 27 maggio, Janavel e Jahier si incontrarono al Verné. Da quel momento in poi, il villaggio alpino della val d'Angrogna divenne la base principale di tutti i gruppi valdesi operanti nelle valli e la loro azione divenne più efficace e coordinata. Già nel pomeriggio dello stesso giorno, un contingente di valdesi, muovendosi silenzioso verso est, discese in pianura, passando tra Bricherasio e San Secondo, e dopo una marcia di una decina di chilometri attaccò

Garzigliana, un paese agricolo posto in pianura, alla confluenza tra i torrenti Pellice e Chisone, a soli otto chilometri da Pinerolo.

L'attacco non andò benissimo, poiché i valdesi trovarono il luogo massicciamente difeso e pronto a resistere. Non appena furono scoperti, dal paese iniziarono a risuonare le campane, facendo giungere contingenti di fanteria e cavalleria di rinforzo dai villaggi vicini. I valdesi dovettero così ritirarsi, senza subire però perdite significative e riuscendo comunque a razziare diversi bovini e a rapire alcuni ostaggi. Nonostante non potesse considerarsi un pieno successo, questa azione divenne la prima di una lunga serie, soprattutto in pianura e nella vicina valle del Po.

Adottando una sistematica strategia di guerriglia, basata su colpi di mano, sull'attacco a sorpresa di gruppi isolati di soldati ducali e sul saccheggio delle proprietà del fondovalle per fare rifornimento di viveri, i valdesi misero presto in crisi l'intero sistema di forze ducali.

Un fattore di debolezza per i valdesi era costituito dalla mancanza di artiglieria. Per prendere i centri abitati, i valdesi utilizzavano la tecnica degli attacchi notturni, penetrando all'interno dei centri urbani a notte fonda, sfondando porte, appiccando il fuoco alle case, circondando e isolando le guarnigioni di presidio ingaggiandole in combattimenti casa per casa, per indurle alla resa.

Nella notte del 28 maggio, con questa tecnica, venne preso d'assalto il paese di San Secondo, anch'esso non lontano da Pinerolo, ai piedi delle alpi, sede di un distaccamento ducale, formato da truppe piemontesi e irlandesi, dei quali si sapeva aveva tenuto un comportamento particolarmente feroce durante le Pasque Piemontesi. Aggirando la valle del torrente Chiamogna, passando per la collina che sovrasta i piani di Prarostino, i valdesi, si gettarono sull'abitato, contando sull'effetto sorpresa, e lo attaccarono con la loro solita determinazione, obbligando, dopo un cruento scontro, alla resa la guarnigione locale, che venne trucidata.

Gli irlandesi, in un estremo tentativo di difesa, si asserragliarono all'interno del castello di Miradolo, a breve distanza dal paese. Qui i valdesi fecero rotolare verso il forte grandi botti piene di fieno e giunti a ridosso del portone d'ingresso del castello vi appiccarono il fuoco, finché non crollò. Penetrati all'interno, i valdesi trovarono gli irlandesi rifugiati in una grande stanza, dove, probabilmente presi dal panico, si erano ammassati fino al punto da non poter usare le loro armi. Nello scontro che seguì, i valdesi li passarono tutti a fil di spada. Eliminata ogni resistenza, i valdesi passarono al saccheggio sistematico di tutto quello che si trovava nel paese. Terminato il saccheggio, l'abitato venne dato alle fiamme, ma agli abitanti venne risparmiata la vita.

Durante lo scontro i valdesi lamentarono solo 7 morti e 6 feriti, mentre tra i ducali le perdite furono molto più ingenti. Secondo Alexis Muston, scrittore di parte valdese, non presente ai fatti, quella notte vennero trucidati in tutto 700 o 800 irlandesi e 650 piemontesi.[52]

Queste cifre, che nel complesso rappresentano l'equivalente di circa quattro reggimenti dell'epoca, sembrano però piuttosto eccessive e poco realistiche, soprattutto quelle riguardanti gli irlandesi. Questi, erano molto probabilmente tutti appartenenti al reggimento Preston, che a quella data però poteva contare in tutto forse solo su 200 o 300 uomini al massimo, divisi principalmente tra Bricherasio, San Secondo e, probabilmente, anche altri luoghi, come ad esempio il forte di Mirabouc, dove erano stati destinati dal Pianezza per controllare gli accessi alle valli valdesi. Considerando l'ampiezza e l'importanza dell'abitato è più probabile, invece, che si trattasse di un più modesto contingente, composto solo da alcune compagnie, con probabilmente non più di 100-150 uomini in tutto, tra irlandesi e piemontesi.

Con l'aumentare della presenza della guerriglia valdese, in val Luserna molti convertiti al cattolicesimo si rimangiarono l'abiura ed entrarono nelle file di Janavel e Jahier. Potendo

---

52   Muston Alexis, The Israel of the Alps, a History of the Waldenses. Op. Cit. Pag.367.

ormai contare su 600 uomini, Jahier e Janavel divisero le forze in due gruppi di pari entità, che operavano separatamente.

Il 3 giugno, mentre Janavel attuava una manovra diversiva posizionandosi all'ingresso della val Luserna e ingaggiava le truppe di Torre e Luserna, gli uomini di Jahier operarono una nuova incursione su Bricherasio. L'operazione si rivelò però più difficile del previsto, perché il paese risultò fortificato e i difensori pronti alla risposta. I valdesi dovettero così ripiegare sulle campagne, dove riuscirono a razziare però le fattorie e i borghi situati nelle immediate vicinanze. Dopo essere penetrati nelle valli in aprile, massacrandone gli abitanti e bruciandone le abitazioni, le truppe ducali erano rimaste impantanate in una sanguinosa guerriglia contro i valdesi, fatta di imboscate, di violentissimi colpi di mano contro centri abitati e di saccheggi. Nonostante l'impegno delle forze sabaude nel presidiare il territorio, i valdesi erano ormai divenuti una costante spina nel fianco del Ducato, proprio adesso che il principe Tommaso di Savoia si accingeva a muovere guerra agli spagnoli nel Milanesato. Per cercare di risolvere questa situazione, dopo i fatti di San Secondo e Bricherasio, il Pianezza fu sostituito nella diretta direzione delle operazioni dal marchese Francesco di Mesmes Signore di Marolles, con alcune truppe fresche di rincalzo.

Al suo arrivo, il Marolles trovò solo poche truppe lasciate dal Pianezza, tra le quali reggimento Livorno e la compagnia di San Damiano. Erano truppe ormai provate da un mese di intensa guerriglia e ridotte nei ranghi, a causa delle perdite subite durante in combattimento, delle malattie e delle diserzioni.

Il Marolles le rinforzò con il reggimento germanico Badant e con i reggimenti Marolles, Senantes, Catalano Alfieri e Don Filippo di Savoia.

Poiché gli uomini a sua disposizioni risultavano comunque insufficienti per garantire un controllo efficace del territorio, il Marolles scelse di limitarsi a presidiare le vallate, concentrando le forze sui presidi del fondovalle, considerati meglio difendibili, disponendo i suoi uomini nelle località più importanti, Torre, Bricherasio e, soprattutto, Luserna, dove

pose il suo quartier generale, ma mantenne presidi in alta montagna in alcuni punti strategici, come quello del forte di Mirabouc, il quale risultava sotto assedio e completamente isolato sin dai primi di maggio.

Tuttavia, dopo il suo arrivo, la guerriglia non si arrestò e anzi divenne sempre più attiva. Nei giorni successivi alle azioni di San Secondo e Bricherasio, mentre Jahier impegnava le truppe sabaude a Luserna, Janavel intraprese un giro esplorativo nell'alta val Luserna, nel corso del quale riuscì a bloccare per diverse ore un convoglio, fortemente scortato dal nemico, distruggendone una parte.

Il 7 giugno, il reggimento germanico comandato dal colonnello Dadant giunse in soccorso del forte di Mirabouc, salvando così la guarnigione locale ormai assediata da 24 giorni e ridotta allo stremo.[53]

Ma la natura del luogo era tutta in favore dei ribelli valdesi e le loro azioni apparivano inarrestabili.[54] Tornato al Verné, il 10 e 11 giugno Janavel lanciò due attacchi contro Torre. Privi di armamento pesante, però, i suoi uomini non riuscirono a scuotere le solide difese della cittadina, ma inflissero comunque al nemico notevoli perdite, soprattutto grazie all'opera di tiratori scelti, appostati sulla collina di Les Monnets, sulla riva sinistra del torrente Angrogna.

Il 12 giugno, passando dalla cresta del Frioland, i valdesi puntarono verso Crissolo, un paese posto ai piedi del Monviso. In fretta e furia, gli abitanti terrorizzati si rifugiarono nella vasta e profonda grotta di Rio Martino, mentre i valdesi saccheggiavano l'abitato e razziavano il loro bestiame, prima di far ritorno alla base, indisturbati.

La notte successiva, alla testa di 300 combattenti, Janavel fece circondare e attaccare Luserna, ritirandosi solo dopo il sopraggiungere nel paese di un reggimento ducale.

Il 17 giugno, Jahier si recava in val Pragelato con parte del bestiame razziato a Crissolo, per venderlo.

---

53   Durante l'assedio la guarnigione aveva perso solo un soldato e avuto due feriti, ma le sue scorte di munizioni. Polvere e cibo erano ormai al limite.

54   Lettere pubblicate nel Bollettino della società di studi valdesi, n. 98, Op. Cit. Pag. 55.

La razzia di Crissolo mise ancora una volta in luce il fatto che le forze ducali non erano in grado di presidiare efficacemente tutti i centri fuori dalle valli valdesi.

Inoltre, non tutte le truppe del Marolles erano dotate di armamento adeguato. Come già osservato dal Pianezza in aprile, anche il Marolles faceva notare come lo scarso armamento delle truppe mercenarie irlandesi del reggimento Preston continuava a costituire un problema. Invano il reggimento irlandese aveva ripetutamente richiesto armi al Ducato di Savoia, che aveva sempre limitato il suo sostegno a questa unità. Una ipotesi che si può fare per spiegare questa scelta è che questa fosse dovuta probabilmente alla scarsità di fondi nelle casse ducali, in un momento in cui il Ducato era gravato dal peso economico di dovere organizzare la guerra agli spagnoli nel milanesato, oppure alla mancanza di volontà di armare una forza mercenaria che, una volta terminata la guerra, si sarebbe magari messa al servizio di terzi. Questo problema avrebbe continuato a rappresentare un costante rischio di disimpegno unilaterale di queste truppe, che eppure erano considerate dal Marolles un elemento importante per il presidio delle valli.[55]

In risposta al saccheggio di Crissolo, il 18 giugno, il Marolles decise di punire i valdesi attaccando il loro "santuario" sul Verné, utilizzando a tale scopo truppe provenienti da San Secondo e dai paesi limitrofi. Le operazioni non andarono, però, come previsto e, dopo cinque ore di combattimento, le truppe ducali furono costrette a ritirarsi.

Le cose si misero particolarmente male per i ducali, quando, sopraggiunte le truppe di Jahier, nel frattempo tornate dalla val Pragelato, le forze valdesi al completo si abbatterono su San Giovanni, dove le truppe ducali si stavano riorganizzando. Ne nacque così un nuovo scontro, durante il quale Janavel venne gravemente ferito da una pallottola, che gli trapassò il petto e uscì tra le scapole, fortunatamente senza ledere organi vitali. Sfuggito per un pelo alla cattura, venne trasportato a Pinasca, in territorio francese, dove venne curato. Tuttavia, avrebbe impiegato più di un mese a riprendersi e sarebbe tornato a combattere solo il 23 luglio.

La sera stessa del ferimento di Janavel, il comandante supremo dei valdesi, Jahier, mal consigliato da un traditore, che gli aveva proposto di scendere in pianura di notte a razziare alcuni buoi, venne attirato ad Osasco. Qui cadde ucciso in un'imboscata insieme ai suoi uomini, una sessantina di combattenti.

Privati di entrambi i comandanti supremi, i valdesi non si persero d'animo ed elessero al loro posto Giacomo Jahier, il fratello di Bartolomeo, e Francesco Laurenti Dei Chiotti, spostandosi alla Vaccera (a 1460 m s.l.m.), una posizione più facilmente difendibile. Nel frattempo, arrivavano in loro aiuto dalla Svizzera, dalla Linguadoca e dal Delfinato numerosi soldati e ufficiali riformati, tra i quali anche alcuni veterani delle guerre di Fiandra e dell'esercito di Gustavo Adolfo di Svezia. Questo permise alla resistenza valdese un deciso cambio di strategia, passando dall'assalto alle cascine del fondovalle all'attacco frontale di presidi ducali di crescente importanza. Sempre più impossibilitato ad eliminare la guerriglia protestante, il Marolles continuò a concentrarsi sulla difesa delle popolazioni cattoliche e cattolicizzate presenti nelle valli dalle rappresaglie, rapine e saccheggi operati dalle bande valdesi. Sporadicamente, in risposta agli attacchi della guerriglia, Marolles ordinava anche azioni che oggi definiremmo di controguerriglia, ma solo a carattere limitato, come ad esempio per permettere ai coltivatori cattolici di mietere campi. In generale, però, le truppe ducali cercarono di limitarsi a mantenere lo status quo nelle valli, nell'attesa che giungesse una soluzione politico-diplomatica del conflitto.

Tutto questo però non impedì il progressivo logoramento delle truppe sabaude, costantemente esposte ad un consumo umano e materiale, tanto che, a causa delle continue perdite, ai primi di luglio, si ritrovarono, nuovamente ridotte all'osso. Al 6 luglio 1655, il Marolles disponeva

---

55   Lettere pubblicate nel Bollettino della società di studi valdesi, n.98. Op. Cit., Pag.55-56.

infatti di un totale di 303 ufficiali e 1863 soldati, ripartiti nei centri principali di Luserna, Torre e Bricherasio. Troppo poche, non solo per prendere l'iniziativa, ma anche per mantenere un controllo efficace delle aree occupate.

Lista dettagliata della forza* al 6 luglio 1655

Reggimento Marolles (66 ufficiali e 419 soldati) a Luserna.
Reggimento Senantes (48 ufficiali e 323 soldati) a Torre
Reggimento Catalano Alfieri - ufficialmente denominato "Piemonte di S.A.R." (13 ufficiali e 97 soldati) a Torre
Reggimento Livorno (51 ufficiali e 232 soldati) a Torre
Reggimento Badant (54 ufficiali e 209 soldati) a Luserna
Comp. Gentile (2 ufficiali e 22 soldati) a Torre
Mondovì città (4 ufficiali e 26 soldati) a Torre
Milizie della cittadella di Mondovì (1 ufficiale e 6 soldati) a Torre
Reggimento Filippo di Demonte (12 ufficiali e 129 soldati) a Luserna
Milizie di Cuneo (18 ufficiali e 146 soldati) a Torre
Milizie del Cav. Di Roffia (4 ufficiali e 14 soldati) a Torre
Comp. Del Governatore di Cuneo (3 ufficiali e 63 soldati) a Bricherasio
Susa, Cav. Ratto (2 ufficiali e 12 soldati) a Bricherasio
Susa Cav. Losa (2 ufficiali e 13 soldati) a Bricherasio
Compagnia Governatore di Carmagnola (4 ufficiali e 31 soldati) a Bricherasio
Milizie di C. Tefferio (6 ufficiali e 46 uomini) a Bricherasio
Milizie di C. di Piozzo (6 ufficiali e 37 soldati) a Bricherasio
Milizie del Conte Crotti (7 ufficiali e 47 soldati) a Bricherasio

*E' da notare che, a questa data, tra le truppe sabaude non sembra più essere presente il reggimento Preston, probabilmente già logorato da mesi di guerriglia e destinato ad altri incarichi. La forza della compagnia irlandese al comando di Gentile acquartierata a Torre appare invece ridotta a 22 soldati e 2 ufficiali.

Completato il saccheggio delle valli, ormai svuotate di riformati, e abitate da poche famiglie di cattoliche e cattolicizzate, le forze ducali sembravano avere perso gran parte della motivazione, mentre la durezza delle condizioni di vita e la guerriglia a cui erano sottoposti li inducevano alla diserzione.

Tra le file ducali le perdite furono notevoli, non solo per il continuo attrito a cui erano sottoposti dalle azioni dirette della guerriglia valdese, ma anche alle diserzioni e alle malattie, che falcidiavano i ranghi dei reggimenti. Ad esempio, il colonnello Badant, il comandante del reggimento di mercenari germanici che operò durante il periodo del Marolles, lamentò nel corso dell'intera campagna da lui sostenuta a Luserna, tra il giugno e l'agosto 1655, di aver avuto nel suo reggimento: 39 soldati e ufficiali uccisi dagli "eretici"; 9 morti per ferite in combattimento; 57 morti per malattie; 41 persi per diserzione; 12 catturati dagli "eretici"; 2 passati per le armi in quanto colpevoli di reati. Si trattava nel complesso di 160 perdite, che, tolti i feriti, rappresentavano il 40% di una forza totale che all'arrivo nelle valli valdesi poteva contare su un'organico di 400 uomini[56].

---

56   Ibid. Pag. 53.

L'elevato numero di diserzioni tra le file ducali, che nel caso del reggimento Badant raggiunsero oltre il 25% delle perdite totali, rappresentava un grave problema, confermato anche da una lettera del Marolles inviata alla Madama Reale da Luserna, datata 15 luglio 1655, nella quale la si informava di quanto segue: *"Vedendo che parecchi delle nostre truppe disertano, ho dato ordine alle terre circonvicine di fare guardia sui passaggi, di riportarmi tutti coloro che questi fossero riusciti a fermare; Bubiane ha eseguito quest'ordine puntualmente e ieri mi ha condotto sette prigionieri del reggimento di S.A.R. Subito feci tenere il consiglio di guerra, dove ce ne fu uno dei più colpevoli passato per le armi. E' stato necessario dare atto a questo castigo per evitarne uno più grande. Stamattina mi sono stati portati altri sette disertori dei reggimenti Senantes, Livorno e della compagnia San Damiano; ho ordinato anche a questi reggimenti di tenere il loro consiglio di guerra, perché occorre in questo caso agire con rigore, se vogliamo conservare le truppe; sono buono di mia natura quando mi trovo davanti a questi casi estremi, ma se si tratta del servizio di Sua Altezza Reale non ho nessuna considerazione."*[57]

Se i ranghi delle truppe ducali andavano incontro ad un progressivo assottigliamento, quelli dei valdesi venivano continuamente irrobustiti da nuovi arrivi di correligionari dall'estero. Privati della loro leadership militare con l'uccisione di Jahier e il ferimento grave di Janavel, i valdesi si ritirarono momentaneamente sulle alture della Vaccera per riorganizzarsi, in attesa di nuovi rinforzi da parte dei correligionari svizzeri e francesi che non tardarono ad arrivare, facendo crescere il numero dei combattenti fino a superare a metà luglio i 2.000 uomini.

Di tutto questo il Marolles appariva ben consapevole. Nella stessa lettera del 15 luglio non mancava, infatti, di comunicare anche di essere stato informato *"...che dall'Olanda sono arrivati una dozzina di ufficiali con 30 soldati [n.d.r. Per combattere tra le file valdesi]. Inoltre, uno dei miei tenenti che viene da Ginevra mi ha assicurato che tre capitani sarebbero partiti da questa città per unirsi a questo gruppo e che farebbero passare i loro soldati attraverso il Delfinato a gruppi di sei o otto alla volta..."*[58]

---

57   Ibid. Pag. 60.
58   Ibid.

Nella notte dell'11 luglio, alcuni esploratori valdesi intercettarono un distaccamento ducale, formato da miliziani dei paesi della pianura, diretto ad attaccare i valdesi ad Angrogna. Avvertite le forze accampate al colle della Vaccera, il giorno dopo si scatenò un duro scontro che durò per tutto il giorno e che alla fine vide prevalere i valdesi. Un nuovo attacco alle posizioni valdesi, condotto da truppe provenienti da Torre pochi giorni dopo, venne ugualmente respinto con tale decisione che il loro contrattacco giunse ai limiti dello stesso paese di Torre.

Dopo questa schiacciante vittoria, i valdesi affidarono il comando generale delle loro forze al colonnello ugonotto Descombes, mentre ad un altro ufficiale, Feutrier, spettò il compito di organizzare un corpo di cavalleria. La nomina di Descombes si rivelò però non proprio felice, poiché l'ufficiale francese, non conoscendo le tattiche di combattimento dei valdesi e neppure il loro valore sul campo, avrebbe preso in seguito alcune importanti decisioni che si sarebbero rivelate sbagliate.

Nei giorni seguenti la vittoria alla Vaccera, i valdesi decisero di effettuare un nuovo attacco a Torre. Durante la notte tra il 25 e il 26 luglio, le forze valdesi, rinforzate dagli ugonotti, vennero fatte posizionare intorno al paese. All'alba dello stesso giorno erano già schierate e pronte ad attaccare il borgo e il forte di Torre. Tra i valdesi vi era adesso anche Janavel, appena rimessosi dopo oltre un mese di convalescenza, anche se non ancora in grado di combattere.

Non fidandosi delle capacità delle truppe valdesi, però, Descombes mandò avanti in ricognizione solo ugonotti francesi, per studiare le difese della cittadina. Questi tornarono dichiarandola imprendibile. Il nuovo comandante, ritenendo quindi l'impresa impossibile, decise allora di far suonare la ritirata.

Influenzati dall'atteggiamento prudente di Descombes, i valdesi fecero inizialmente per ritirarsi, ma due comandanti di parere contrario, il capitano Giovanni Bellin e il tenente G. Peyronnel si opposero, decidendo di tentare ugualmente un assalto. Inizialmente seguiti da pochi uomini e poi da circa metà delle truppe, compreso Janavel, che però non avrebbe partecipato direttamente all'assalto, rimanendo in alto di vedetta, mentre il Descombes si ritirava con il resto delle sue truppe nuovamente alla Vaccera.

Nonostante la ritirata delle forze di Descombes, a Torre, i valdesi, probabilmente galvanizzati per l'alto valore simbolico dell'obiettivo, attaccarono con particolare determinazione, riuscendo a sfondare il perimetro difensivo dei ducali nei pressi del convento dei Cappuccini, che riuscirono a dare alle fiamme, facendo strage dei suoi difensori, ma risparmiando i monaci. Investirono quindi anche la Torre, il castello sulla collina che dominava il paese. Tuttavia, quando le truppe al suo interno erano ormai in procinto di trattare la resa, da una posizione sopraelevata Janavel vide sopraggiungere un reggimento ducale di rinforzo e avvertì subito le truppe nell'abitato.

Per tamponare la situazione, il Marolles aveva fatto accorrere da Luserna il suo reggimento con alcuni reparti di cavalleria. I valdesi, privati del supporto di Descombes, furono così costretti ancora una volta a ripiegare.

Se i valdesi avevano perso la possibilità di conquistare Torre, le cause erano da ricercarsi nell'atteggiamento eccessivamente prudente di Descombes, colpevole di non avere assecondato l'azione. Essendo nuovo di comando, il colonnello ugonotto non aveva ancora avuto il tempo di capire le capacità e il valore delle truppe che comandava, e questo lo aveva trattenuto dal gettare i suoi reparti nella mischia.

Descombes si ripropose, quindi, di assecondare meglio i combattenti valdesi nel prossimo scontro. Ma ormai, dopo tre mesi di aspri combattimenti, la guerra stava giungendo al termine e le armi avrebbero dovuto presto lasciare spazio alla politica.

Fu questo, infatti, l'ultimo scontro, poiché, grazie all'intervento dei cantoni svizzeri e delle altre potenze protestanti europee, erano stati avviati i preliminari per un accordo di pace, che sarebbe stato raggiunto in via definitiva il 18 agosto 1655, con la firma delle Patenti di grazia di Pinerolo.

Le Patenti di Pinerolo stabilirono un'amnistia generale per quanto accaduto; l'esenzione per sei anni dai gravami fiscali per le aree coinvolte nel conflitto; la liberazione dei prigionieri, delle donne e dei bambini valdesi dispersi per tutto il Piemonte; la libertà di celebrare il culto cattolico nelle valli senza l'obbligo per i valdesi di assistervi; il riconoscimento del diritto dei valdesi di abitare a San Giovanni (che sarebbe diventato un comune a sé, staccandosi da Luserna), Prarostino, San Bartolomeo e Roccapiatta (staccate da San Secondo), Torre e Vigne, con proibizione però di celebrarvi il culto valdese; l'interdizione all'insediamento e obbligo di alienazione dei beni a Bricherasio, Campiglione, Fenile, Bibiana, Lusernetta e Luserna.

Sebbene per i valdesi le Patenti non rappresentarono una completa vittoria, queste permisero loro di ottenere il ritiro delle truppe ducali dalle valli, la smobilitazione delle loro bande armate e il conseguente ritorno della popolazione valdese nelle proprie case.

Per i valdesi le Patenti di Pinerolo aprirono un nuovo periodo di relativa tranquillità, e per i reduci della campagna del Marolles la possibilità di uscire da una infelice campagna militare, che aveva ridotto in condizioni pietose una regione che il Pianezza stesso aveva definito una delle più belle del Piemonte, con conseguenze gravissime per l'economia locale e, alla fine, dannose anche per le entrate dello Stato. Tuttavia, i termini delle Patenti non furono completamente rispettati dalle parti e le tensioni tra Ducato e comunità valdese proseguirono.

LA DIFESA DI RORA': SCHEDA DI APPROFONDIMENTO DELLA BATTAGLIA

Le forze in campo:

Valdesi

Truppe: nel primo scontro, 7 uomini tutti armati di archibugio a miccia, saliti nel secondo scontro a 11 armati di archibugio e 6 armati di frombole, e negli scontri successivi ad una trentina o quarantina di elementi.

Comandante: Giosué Janavel

Armamento: moschetti, frombole, beidane e coltelli di varie fogge.

Perdite: sconosciute, ma minime.

Piemontesi

Truppe: nel primo scontro 300 uomini, ascesi, probabilmente, a oltre 2.000 nelle fasi finali dello scontro.

Comandante: Carlo Emanuele Giacinto Filiberto di Simiana Marchese di Pianezza

Armamento: moschetti, picche, spade.

Perdite: sconosciute, ma probabilmente diverse centinaia di uomini, tra morti e feriti.

Rapporto di forze valdesi/ forze ducali: circa 1/70, nelle fasi iniziali dello scontro; probabilmente analogo nelle fasi conclusive.

Risultato: nonostante la fortissima sproporzione di forze in campo in loro sfavore, i valdesi, guidati dal condottiero Giosué Janavel, impediscono per dieci giorni alle truppe piemontesi di prendere il controllo e saccheggiare la valle di Rorà, respingendole ripetutamente e infliggendo loro pesanti perdite.

La mattina del 24 aprile 1655, seguendo precisi ordini del Pianezza, un distaccamento proveniente da Villar, probabilmente in larga parte composto da miliziani, forte di circa 500 o 600 uomini, secondo Muston e, non più di 300 secondo altri, attraversò un sentiero poco battuto e passò il colle Casulé, che metteva in comunicazione l'abitato di Villar con il villaggio di Rorà, nell'omonima valle, ancora non in mano alle truppe ducali.

Fino a quel momento, la popolazione di Rorà aveva continuato a vivere in relativa normalità, tranquillizzata dalle promesse di protezione fatte a nome del Pianezza dal conte Cristoforo di Luserna, sotto il cui dominio cadeva il paesino. Sin da gennaio a Rorà vi abitava anche Giosué Janavel, un contadino di Vigne, trasferitosi lì con tutta la sua famiglia, a seguito dell'ordinanza ducale che obbligava i valdesi ad abbandonare le zone di insediamento "proibite".

Giosué Janavel, non fidandosi delle promesse di protezione fatte dal conte, e già informato dei fatti accaduti nelle valli circostanti, si era appostato con sei altri montanari sul colle di Pian Prà, un'altura che dominava l'abitato di Rorà, da dove si poteva facilmente controllare eventuali movimenti di truppe nemiche in val Luserna e nel vallone omonimo che si estendeva lateralmente dalla val Luserna verso la valle di Rorà.

Non appena Janavel e i suoi compagni videro a occidente la colonna di truppe sabaude sfilare a sud-ovest della cresta di Valanza e scendere verso Rorà, si lanciarono a rotta di collo verso di essa, attraverso i prati e i boschi, con l'obiettivo di tagliarle la strada e impedirle di raggiungere l'abitato. Passata Rocca Roussa, Janavel e i suoi compagni si appostarono nei pressi di una località chiamata Fornaci, dietro il torrente Luserna, dove la colonna sarebbe stata costretta a passare attraverso uno stretto passaggio. In questo punto, contando sull'effetto sorpresa, nascosti tra i costoni di roccia e gli alberi, i valdesi attesero invisibili l'arrivo del nemico, come avevano fatto tante volte con le prede durante le loro battute di caccia.

Anche se i montanari erano perfetti conoscitori del terreno e abilissimi nell'uso delle armi da fuoco, all'epoca queste erano perlopiù rappresentate da archibugi a miccia: armi pesanti, ingombranti e lente da ricaricare. Per ingaggiare con poche di queste armi una forza consistente come quella ducale, occorreva quindi avere un particolare coraggio, forse quello che solo la mancanza di concrete alternative riesce a dare.

Dotati dell'astuzia e del senso pratico tipico degli uomini di montagna, i valdesi erano abituati ad agire in autonomia in piccoli gruppi e, soprattutto, a contare su loro stessi. Erano fortemente determinati perché difendevano le loro case e le loro famiglie ed avevano un forte attaccamento al loro credo religioso e alla comunità a cui appartenevano. Sapevano bene che se avessero perso, non avrebbero potuto aspettarsi dal nemico alcuna pietà per sé e per i loro cari. Bramosi di saccheggio, quel giorno i soldati ducali marciavano sicuri verso l'obiettivo. Poiché sapevano che nei mesi precedenti una buona parte della popolazione di Vigne vi si era trasferita con tutti i propri beni, erano fiduciosi di poter fare un gran bottino. Quando la testa della colonna giunse a portata di tiro e i valdesi, occultati tra le rocce e la vegetazione, aprirono il fuoco improvvisamente sui soldati, i sette proiettili sparati andarono quasi tutti a segno, lasciando sul terreno sei attaccanti.

Janavel e i suoi compagni erano troppo pochi per poter resistere a un eventuale contrattacco delle truppe ducali. Infatti, nonostante l'asperità del terreno, sarebbe bastato un deciso attacco frontale dei loro avversari per spazzarli via. Ma i colpi dei valdesi fecero credere alle truppe sabaude di avere di fronte un gruppo numeroso e ben preparato di nemici.

I moschettieri dell'epoca erano addestrati a eseguire solo fuoco di fila, senza mirare, cosa che risultava efficace contro masse nemiche compatte, ma di scarso effetto quando si trattava di ingaggiare singoli individui o piccoli gruppi nascosti nella vegetazione. In quello scontro i sabaudi si trovarono così subito a disagio. Disorientati dagli spari, convinti di essere di fronte a forze molto più consistenti di quelle reali, esitarono e, smarriti di fronte a un nemico che non riuscivano a vedere, finirono in preda al panico, dandosi alla fuga in disordine, tentando disperatamente di risalire le pendici della cresta di Valanza. Fu a

questo punto che Janavel e i suoi compagni, continuando a sfruttare le coperture offerte dal terreno, li inseguirono colpendone quanti più possibile.

Alle Fornaci, i valdesi avevano compiuto un vero e proprio miracolo militare. Alla fine dello scontro rimasero sul terreno una sessantina di soldati, mentre i valdesi non lamentarono alcuna perdita. Se lo scontro era stato vinto, la battaglia per difendere Rorà non era, però, certo finita.

Il Marchese Pianezza, infatti, non potendo tollerare lo smacco subito, il giorno successivo reagì lanciando contro il villaggio un nuovo contingente, più consistente del precedente, consistente in 500 uomini scelti. Anche questo venne fatto avanzare da ovest, ma questa volta attraverso un sentiero poco battuto, tra il colle di Pian Prà e il colle di Casulé, in modo da aggirare il torrente Luserna e piombare su Rorà da una direzione imprevista. O almeno così sperava il Marchese.

Tuttavia, Janavel, ricevuti un po' di rinforzi, adesso poteva contare su 11 uomini armati di moschetto e sei muniti di frombole.[4] La presenza delle frombole, a prima vista, potrebbe oggi far sorridere. In realtà, in mano ad esperti lanciatori, queste potevano lanciare proiettili, in questo caso pietre, con tiro preciso, ad un ritmo molto superiore a quello delle armi da fuoco dell'epoca e con effetto che poteva risultare anche letale.

Il 25 aprile, avendo inviato qualcuno dei suoi in esplorazione, Janavel riuscì a conoscere in anticipo il sentiero che sarebbe stato percorso dalle truppe savoiarde. Questo gli diede il tempo di predisporre una nuova imboscata e di stabilire l'ordine di battaglia.

Dividendo i suoi uomini in tre gruppi, ciascuno di quattro moschettieri e due frombolieri, li fece nascondere tra le rocce e gli alberi lungo un passaggio obbligato, presso Roccia Rumer, dove molto probabilmente sarebbero passati i savoiardi. Il primo gruppo venne appostato in alto, poco sotto il colle, gli altri due a una certa distanza dal primo, ai due lati del sentiero che scendeva verso Villar. Il primo gruppo avrebbe avuto il compito di arrestare la testa della colonna, mentre gli altri quello di bersagliare la colonna da ciascuno dei due lati.

Non appena l'avanguardia della colonna nemica, già stanca per la ripida salita, si avvicinò

al colle Casulé e giunse a portata di fucile degli uomini di Janavel, venne investita frontalmente da una scarica di fucileria partita dal fitto dei boschi, che lasciò sul terreno diversi soldati, facendola vacillare. Immediatamente, aprirono il fuoco sulla colonna anche i gruppi posizionati ai lati, causando alla colonna ulteriori perdite, mentre i sassi lanciati dalle frombole contribuirono ad aumentare la confusione tra le truppe ducali.

L'azione venne ripetuta più volte da posizioni diverse, continuando a causare perdite tra i soldati. Spaventati, i primi reparti ducali iniziarono a darsi alla fuga. Questo diffuse la paura tra le truppe che seguivano e finì per contagiare tutta la colonna, la quale, ormai preda al panico e convinta di essere circondata da forze superiori, ruppe ancora una volta i ranghi, fuggendo nell'unica direzione possibile, quella da cui era venuta. I valdesi la braccarono non mancando anche questa volta di eliminare chiunque riuscissero a raggiungere.

Alla fine dello scontro rimasero sul terreno una cinquantina di uomini, da parte sabauda, mentre i valdesi non registrarono ancora una volta alcuna perdita. La loro vittoria era stata resa possibile dal fatto che, una volta in più, le truppe sabaude si erano rivelate totalmente impreparate ad affrontare le imboscate dei valdesi. A differenza dei loro nemici, Janavel e i suoi compagni avevano acquisito informazioni sulla forza e i movimenti del nemico, erano stati così in grado di sfruttare la loro la loro conoscenza del terreno per adattarsi nel migliore dei modi alle situazioni tattiche dello scontro, dimostrando di essere in grado di operare in piccoli gruppi, operanti in completa autonomia.

La colonna sabauda, invece, aveva puntato sul numero e sull'effetto sorpresa, avanzando attraverso uno stretto sentiero di montagna ritenuto sicuro perché poco battuto. Il mancato utilizzo di esploratori per identificare e informare la colonna sulla presenza di possibili problemi lungo il percorso di avvicinamento al colle aveva, poi, condannando la spedizione al fallimento più completo. Una volta attaccata da un nemico tanto invisibile quanto implacabile e impossibilitata a manovrare, la colonna si era rivelata incapace di opporre alcuna significativa resistenza e si era dissolta. Il modello organizzativo ancora prevalente degli eserciti dell'epoca era ancora fortemente influenzato dal *tercio* spagnolo: un modello

che imponeva uno schema rigido di combattere, dove la selva di picche rappresentava ancora un punto di riferimento militare imprescindibile sul campo di battaglia, in cui ai moschettieri era assegnato il compito di agire in supporto ai picchieri, e non viceversa, e ancor meno di operare in autonomia. Questo modello, che in uno scontro convenzionale dell'epoca avrebbe potuto, in certe circostanze, essere ancora un punto di forza, risultava però del tutto inefficace contro le tattiche dei valdesi.

Esasperato da questa nuova sconfitta, il Marchese di Pianezza decise quindi di giocare la carta dell'inganno e il giorno successivo (il 26 aprile) inviò a Rorà il Conte Cristoforo, sotto la cui giurisdizione cadeva il villaggio, per rassicurare gli abitanti sul fatto che non sarebbe stato fatto loro alcun male, se non avessero opposto resistenza.

Gli abitanti di Rorà, però, non fidandosi delle assicurazioni del Pianezza, durante la notte abbandonarono il villaggio e si trasferirono poco più a sud, nel villaggio di Rumé, nel vicino vallone di Peyret.

Fecero bene, perché la mattina del 27 aprile un robusto contingente ducale, composto da circa 900 uomini, raggiunse Rorà da nord-est, risalendo il torrente Luserna, senza incontrare resistenza. Le truppe si lanciarono sull'abitato, saccheggiandolo e bruciandone le abitazioni.[5] Per i ducali tutto sembrava andare per il meglio, ma sulla via del ritorno le cose presero una piega diversa. Infatti, non appena le truppe sabaude furono sotto il colle di Pian Prà, Janavel e i suoi compagni, dalle alture del colle, tesero loro un nuovo agguato, durante il quale riuscirono a provocare anche una frana che travolse buona parte della colonna. Durante l'imboscata dei valdesi, le truppe ducali vennero costrette a disfarsi del bottino e del bestiame e a precipitarsi verso la pianura, lasciando il terreno disseminato di numerosi morti e feriti.

Dopo questo episodio, per quattro giorni la valle di Rorà non venne più infastidita dalle truppe ducali, rimanendo in una sorta di stato di calma apparente, che però non lasciava presagire niente di buono.

L'ostinata resistenza della banda di Janavel aveva, ancora una volta, mandato su tutte le

furie il Marchese di Pianezza che non riusciva a capacitarsi di come un pugno di montanari, posti a difesa di un obiettivo tutto sommato secondario, riuscisse a tenere in scacco il suo esercito.

Il marchese decise allora di guidare personalmente un attacco combinato da tre lati contro Rumé, con il grosso delle forze a sua disposizione. La resa dei conti appariva ormai sempre più vicina. Il 3 maggio il capitano Mario di Barge, che guidava l'avanguardia, formata da truppe regolari, milizie e mercenari irlandesi, sbucò davanti a Rumé da sud, con due ore di anticipo sulla tabella di marcia.

Allertati dalla presenza delle truppe piemontesi, i valdesi avevano risalito il pendio del monte Bric che sovrastava l'abitato, per mettersi al riparo. Sicuro della vittoria, sottostimando il nemico, il capitano non attese l'arrivo delle altre due colonne e le sue truppe si lanciarono fameliche sul villaggio, attardandosi a far bottino. Il capitano ordinò quindi loro di risalire il pendio per attaccare i valdesi.

Tuttavia, non appena questi incominciarono la salita, i valdesi, il cui numero era salito a una trentina o quarantina di elementi, iniziarono a bersagliarli con precise scariche di archibugio e lanci di pietre, costringendoli presto a ritirarsi in disordine.

Respinti, gli assalitori tentarono allora di riorganizzarsi più a valle presso la Rocca Ciapel, un'imponente parete rocciosa a strapiombo sul torrente Luserna. Ma, anche qui, i valdesi continuarono a incalzarli senza tregua, facendo fuoco sulla massa compatta dei soldati.

Senza possibilità di fuga, stretti tra il nemico e il precipizio, in un disperato tentativo di sottrarsi al fuoco, i miliziani ducali tentarono di calarsi dal dirupo, ma molti si sfracellarono sulle rocce o perirono nelle acque gelide del torrente Luserna. A stento se ne salvarono alcuni, tra cui il capitano Mario di Barge, che precipitò in un gorgo del torrente (il Toumpi Gratin) e che sarebbe morto pochi giorni dopo in preda al delirio.

Informato dell'annientamento dell'avanguardia del capitano Mario di Barge e del fallimento dell'effetto sorpresa, il marchese di Pianezza fu obbligato a sospendere l'attacco e a ritirarsi.

Sconfitto ancora una volta, il marchese decise allora di chiudere definitivamente i conti con i valdesi di Rorà e la mattina del 4 maggio ordinò alle sue truppe un nuovo massiccio attacco con gran parte del suo esercito, composto da alcune migliaia di uomini. Questa volta, il comandante sabaudo diede ordine di penetrare nella valle di Rorà lungo tre direttrici, una proveniente da Bagnolo, una da Villar e una da Luserna.

Dall'alto avrebbe dovuto piombare sul villaggio il comandante Gentile, con la sua compagnia irlandese, proveniente da Villar. Dal basso, dalla direzione di Bagnolo, avrebbe dovuto giungere il signore Bartolomeo di Bagnolo con le sue milizie e di nuovo quelle del capitano Mario di Barge, il quale però si trovava in cattivo stato di salute a causa della caduta nel torrente Luserna del giorno prima.[1]

In un primo tempo, arroccati sulle cime dei monti sopra Rorà, i valdesi cercarono di resistere contro la colonna proveniente da Villar. Ma le altre due che procedevano da Luserna e da Bagnolo non trovarono resistenza e penetrarono nella valle di Rorà. Questa volta, il villaggio venne completamente bruciato, la popolazione in gran parte massacrata e i superstiti imprigionati.

Durante l'attacco a Rorà, da parte ducale, si distinsero per determinazione i mercenari irlandesi, comandati dal capitano Gentile, i quali, mentre le cascine venivano date alle fiamme, vennero mandati sulle vette sovrastanti l'abitato, dove stanarono e uccisero sui costoni di roccia decine di valdesi che si erano lì rifugiati, facendone precipitare altri dalle balze.[2]

Impossibilitato a continuare la lotta, Janavel, per non soccombere, dovette lasciare la valle e, attraversando le montagne ancora coperte di neve con i suoi uomini e con il figlio maschio, scampato alla cattura poiché in precedenza affidato a parenti di Villar, dopo una estenuante marcia sotto la neve, riparò momentaneamente nella vicina valle del Queyras, dove si trovavano già altri rifugiati valdesi.

Durante i rastrellamenti, i soldati ducali riuscirono a catturare la moglie e le tre figlie di Janavel, le cui vite furono risparmiate per poter essere utilizzate come arma di ricatto nei confronti del condottiero valdese. Il Pianezza arrivò, infatti, a minacciare di giustiziarle se il capo guerrigliero non si fosse arreso,[3] ottenendo però da questi solo un reciso rifiuto.

Il prezzo della difesa di Rorà era stato molto alto da entrambe le parti. Se alla fine la resistenza valdese non aveva evitato l'occupazione da parte delle truppe ducali, si rivelò comunque tutt'altro che inutile, perché finì per costituire un importante momento di aggregazione della resistenza contro i Savoia. Nelle settimane successive, questa avrebbero contribuito in maniera decisiva a dar vita al movimento di lotta armata che avrebbe portato l'intera comunità valdese alla riscossa.

Note alla campagna di Rorà

1 Probabilmente, il capitano Mario di Barge era già in cattivo stato di salute, a causa degli effetti dovuti alla caduta nelle acque gelide del torrente Luserna.

2 Secondo alcune fonti durante quest'attacco vennero massacrati più di quaranta valdesi, alcuni fatti precipitare dalle balze. Claretta Gaudenzio, Storia di Carlo Emanuele II, Tomo I, Genova, Luigi Ferrari, 1877. pagg.116-117

3 Muston Alexis, The Israel of the Alps, a History of the Waldenses. Op. Cit. Pag. 341

Le crude ma esplicite Illustrazioni eseguite da Samuel Morland, un cronista inglese di fede Cromwelliana, e pertanto assai vicino alla causa dei valdesi, bene raffigurano gli innumerevoli e tremendi supplizi fatti partire alla parte debole del conflitto. Esse sono una lugubre sequenza di stupri, sventramenti infanticidi, roghi e moltissime altre nefandezze, eseguite dai soldati sabaudi e dai loro alleati irlandesi la cui feroce e sadica fantasia pareva senza limiti.

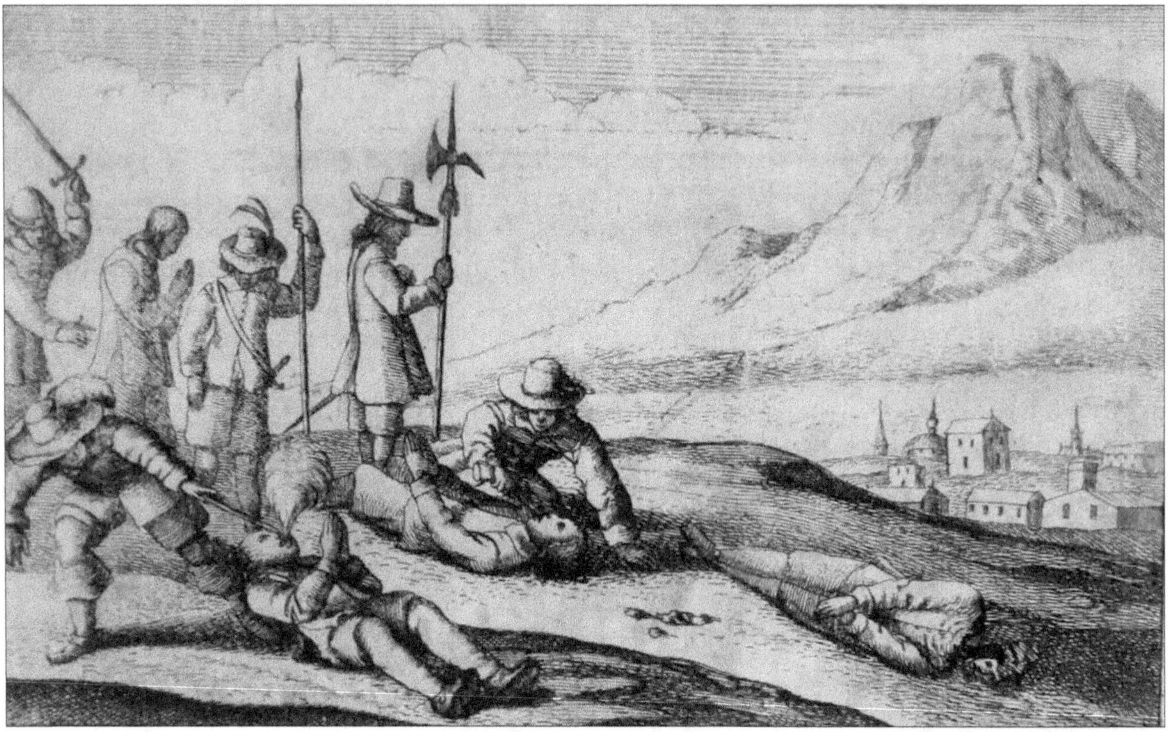

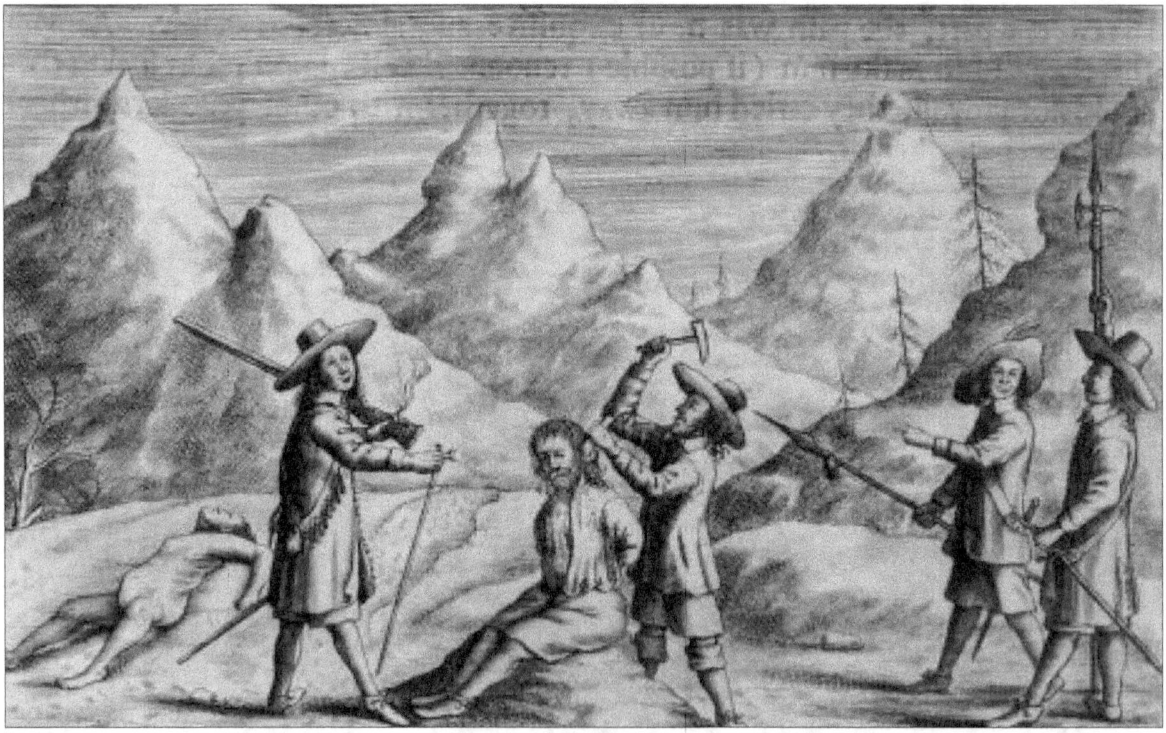

4.2 La guerra dei banditi (1663-1664)

Le Patenti di Pinerolo del 1655 ebbero il merito di far cessare la guerra aperta tra i valdesi e le autorità ducali. Tuttavia, aprirono un periodo di pace armata, caratterizzato dalla presenza di episodi violenti, sia da parte valdese che da parte ducale.

L'Accordo di Pinerolo non solo aveva concesso l'amnistia ai valdesi che avevano preso parte attiva nella resistenza, compresa la sua dirigenza, ma avevano stabilito anche la restituzione dei prigionieri, fra i quali la moglie e le tre figlie dello stesso Janavel, dei bambini sottratti con la forza alle famiglie valdesi durante il periodo di occupazione e l'annullamento delle abiure forzose.

La situazione dei valdesi tornò così pressapoco quella presente del periodo antecedente lo scoppio del conflitto, compresa la possibilità di continuare ad abitare nelle località poste fuori dai limiti tollerati, ovvero Torre, San Giovanni e Vigne, con il divieto però di manifestarne il proprio credo pubblicamente, continuando così a lasciare irrisolto il problema religioso.

Uno dei principali motivi di attrito tra le parti era rappresentato dalla costruzione sopra il paese di Torre del forte di Santa Maria, al comando del quale venne messo Giovanni Battista Malingri, signore di Bagnolo. Questo atto venne percepito dai valdesi come una provocazione. La costruzione del forte non era, infatti, menzionata nel trattato di Pinerolo, se non in un articolo segreto noto solo alla Francia. Ma la sua costruzione era avvenuta durante la guerra ed era stata ultimata prima dell'inverno del 1655, in modo che i valdesi venissero a trovarsi davanti al fatto compiuto.

Uno dei problemi più gravi che la presenza del forte di Santa Maria di Torre comportava, consisteva nella guarnigione al suo interno, composta da fuorilegge, graziati dopo essersi messi al servizio del Bagnolo. Un'altra banda simile operava a Luserna, al comando di Paolo di Berges. Appena terminato il forte di Santa Maria di Torre, i miliziani della guarnigione iniziarono a rendersi responsabili di diversi gravi comportamenti, tra i quali non mancarono stupri, saccheggi e omicidi. I valdesi, in risposta, inviarono una lettera di protesta al duca, contenente una lista con diciassette episodi criminosi commessi fino ad allora nelle valli.

Intanto, Janavel aveva fatto ritorno a casa sua a Vigne, sopra Luserna e, essendo molto stimato all'interno della sua comunità, era stato nominato anziano nella chiesa di Rorà, incaricato della ripartizione delle collette straniere. Essendo stato scelto anche come delegato per la commissione per la divisione dell'area di Luserna tra la comunità valdese e quella cattolica, Janavel ebbe la possibilità di mantenere la frazione di Vigne nella parte riformata.

Il "Capitano delle valli", consapevole della precarietà della pace ottenuta, a partire dal 1656 iniziò ad approvvigionarsi di armi e munizioni a Pinerolo, acquistando anche alcune colubrine, fucili a pietra focaia a canna particolarmente lunga, molto efficaci negli assedi a fortificazioni e negli attacchi a centri abitati.

Presto si presentò anche il problema costituito dalla svendita a prezzi eccessivamente bassi delle case e dei terreni dei valdesi espulsi dalle zone vietate, avvenuta durante l'inverno del 1655. Per molti degli ex-proprietari, infatti, il ricavato della vendita dei loro beni non era più sufficiente per l'acquisto di nuove case e terreni e neppure per poter sopravvivere.

Janavel cercò di aiutare gli sfollati e, a partire dal 1658, iniziò anche a compiere azioni armate a Lusernetta, tra le quali una per la liberazione di un compagno d'armi lì detenuto. Le autorità sabaude risposero mettendolo fuorilegge, accusandolo di tutti gli omicidi avvenuti nella val Luserna negli ultimi dieci anni, dell'appropriazione indebita di terre, fondi e aiuti stranieri e di altri reati, emanando nei suoi confronti una condanna a morte e decretando la confisca dei suoi beni (7 dicembre 1661). A questa ordinanza ne seguì un'altra contro il pastore Jean Léger (24 gennaio 1662).

La tensione aumentò quando, alla fine del 1661, Bartolomeo Belin, uno dei capitani di Janavel, venne arrestato e impiccato nel forte di Torre.

In un'azione successiva, le forze ducali inviate per eseguire l'arresto di Janavel e la confisca dei suoi beni, giunte a Vigne vennero accolte a fucilate da Janavel e dai suoi uomini e costrette a ritirarsi, dopo aver lasciato sul terreno diversi miliziani.

Da questo momento, Janavel e i suoi compagni si rifugiarono nei boschi del *Bric dei Bandì*, una cresta montuosa che domina la frazione di Vigne, sul versante meridionale di Rocca Bera, una posizione da cui si poteva rapidamente salire a Rorà e scendere a Torre o a Luserna. In questo luogo la banda di Janavel continuò ad accumulare scorte di armi, allestendo anche una fornace per produrre pallottole.

A questo atto di ribellione, le autorità risposero accanendosi contro la popolazione valdese, colpevole di complicità con i banditi, che venne punita con il divieto di commercio fuori dalla valle, arresti arbitrari e ricatti. Questo ebbe il solo risultato di far aumentare la diffidenza della popolazione valdese nei confronti delle autorità locali, spingendola a sostenere la lotta armata propugnata da Janavel.

Intanto, Janavel con la sua guerriglia provocava regolarmente le forze ducali, appostando uomini agli incroci delle strade e continuando da latitante a frequentare luoghi pubblici, compresi i culti domenicali. Anche se sovente in disaccordo con Janavel, quando interrogate, le autorità valdesi negavano la presenza della guerriglia, ma di nascosto i pastori la finanziavano con le elemosine provenienti dall'estero, e presentavano denunce al duca, come quelle del 17 gennaio 1663, in cui chiedevano una nuova amnistia per i banditi in cambio di un ritorno alla pace. Nella primavera del 1663 le ostilità si intensificarono e Janavel rispose incrementando la raccolta di armi, arruolando uomini, fortificando i costoni rocciosi e allestendo rifugi e fortificazioni campali anche in altri luoghi della val Luserna e in val San Martino. Per rendere la guerriglia almeno il più possibile autosufficiente, Janavel fece, inoltre, costruire dove possibile anche mulini per le farine, e fornaci, come a Prà del Torno, per preparare le pallottole per i fucili.

Portati a termine i preparativi, Janavel dette inizio ad una serie di azioni armate su più ampia scala. Nella notte tra l'8 e il 9 maggio, diede ordine di tagliare i ponti e le passerelle del torrente Pellice fin oltre Fenile, per isolare le milizie del Bagnolo e del Berges. Il 9 maggio, iniziò così un primo attacco su Bibiana, per saggiarne le difese, che venne respinto. Nei giorni seguenti, circa 300 valdesi guidati da Giosué Janavel e da Isaia Fina investirono il forte di Torre. Tuttavia, il conte di Bagnolo, che aveva in precedenza occultato più a monte parte delle sue truppe, le fece calare tempestivamente sul forte, obbligando i valdesi a ritirarsi. Colti di sorpresa, i valdesi subirono durante lo scontro la perdita dello stesso Isaia Fina e il ferimento di molti altri uomini. Il giorno dopo, ritentarono l'attacco con maggiore vigore, venendo però nuovamente respinti.

A fine maggio, furono i valdesi a subire un attacco dei ducali a San Giovanni, che venne però respinto. Il 12 giugno, Janavel passò di nuovo all'attacco, riuscendo questa volta a conquistare prima Lusernetta e poi, varcato il torrente Pellice, Luserna. Qui saccheggiò i palazzi e i mulini dei conti e di altri nobili, le chiese e i conventi. Durante i saccheggi vennero rubate, tra le varie cose, anche abbigliamento intimo, ferramenta varia e oggetti in rame e ferro. Non vennero risparmiate neppure le campane delle chiese. I metalli erano particolarmente preziosi nelle isolate valli valdesi, poiché permettevano alle fonderie clandestine di produrre armi e, soprattutto, munizioni. Nell'occasione, i valdesi fecero diversi prigionieri tra i civili che però vennero poco dopo rilasciati, senza che venisse loro fatto alcun male.

Con questo saccheggio, i valdesi rispondevano alle ruberie e alle violenze dei miliziani, senza però accanirsi contro la popolazione cattolica, ma solo contro le milizie.

I saccheggi di Luserna e Lusernetta generarono grande allarme a Torino, tanto che, a fine giugno, il duca Carlo Emanuele II decise di inviare nelle valli sei compagnie del neocostituito reggimento delle guardie, al comando del marchese Francesco Giuseppe Wilcardel di Fleury, fiore all'occhiello dell'esercito sabaudo.

L'affiancamento di truppe d'ordinanza alle milizie del Bagnolo e a quelle del marchese d'Angrogna fece fare un salto di qualità al conflitto. Fu così ordinato un attacco in forze contro

i ribelli, e la distruzione nella piana di San Giovanni del grano pronto per la mietitura appartenente alla popolazione valdese. L'idea era ovviamente quella di affamare la popolazione valdese, per indurla a cessare la guerriglia.

Il 6 luglio 1663, le forze sabaude avanzarono verso Angrogna in tre colonne rispettivamente da San Giovanni, da San Secondo e da Bricherasio. I contingenti ducali, partiti da San Secondo e Bricherasio, raggiunsero la località dei Piani, situati tra Angrogna e Roccapiatta, da dove partirono all'attacco verso le vette più elevate. Contemporaneamente, le milizie del marchese di Bagnolo puntarono su Angrogna, con l'obiettivo di stringere in una morsa i ribelli.

Tuttavia, la tenace resistenza di una settantina di valdesi riusciva a fermare le forze del Fleury alla stretta di Porte d'Angrogna, a circa un chilometro di distanza dal paese. Le forze del Bagnolo, uscite dal forte di Torre e San Giovanni, raggiunte le prime alture verso Angrogna, venivano invece attaccate da uno stuolo di valdesi nascosti nel folto della vegetazione e protetti dietro muri a secco e costrette a ripiegare in disordine, con pesanti perdite. Constatato che le forze provenienti dalla val Luserna erano ormai battute, Janavel diede ordine che una parte dei suoi uomini impegnati sulle pendici sudorientali della val d'Angrogna contro le milizie di Torre e San Giovanni accorressero a dar manforte ai valdesi dei Piani.

Giunti i rinforzi, i valdesi dei Piani passarono all'attacco, investendo i trinceramenti nemici da ogni parte, i più audaci trascinandosi carponi fin sotto le difese ducali e attaccando le loro posizioni all'arma bianca, gli altri bersagliando furiosamente il nemico con i loro fucili. Questo portò rapidamente al collasso le forze nemiche, le quali ruppero i ranghi e si ritirarono in disordine.

La sconfitta ducale patita sulle alture di Angrogna segnò un inasprimento del conflitto e diede inizio a una serie di combattimenti che si protrassero per tutta l'estate. Dopo lo smacco di Angrogna, il duca reagì sostituendo il Fleury con il marchese di San Damiano quale comandante sul campo, inviando nuovi rinforzi. All'inizio di agosto le truppe sabaude attaccarono Torre, che era stata in precedenza occupata dalla resistenza valdese, venendo però respinte. Prima di

ritirarsi, le truppe sabaude riuscirono però ad incendiare il paese. Qualche giorno dopo, furono i valdesi di Janavel a doversi ritirare da Bibiana, incalzati dalle truppe di ordinanza, ora comandate sul campo dal marchese di San Damiano, e dalle milizie del Bagnolo.

In ottobre, le truppe ducali riuscirono a distruggere gli abitati di Prarostino, Roccapiatta e Rorà, che vennero quasi completamente rasi al suolo.

I continui combattimenti tra valdesi e ducali aggravarono la situazione economica nelle valli, soprattutto in quella di Luserna. La maggior parte dei terreni non aveva potuto essere coltivata, gli alberi da frutto e le vigne erano stati in gran parte tagliati e sradicati. Risultava inoltre impossibile vendemmiare per la scarsità di tini e botti, che venivano regolarmente distrutti dalle truppe nemiche. Nella zona di San Giovanni la mietitura del grano era andata in gran parte perduta. Solo nelle zone più elevate si era avuto un raccolto di orzo e segale. Il bestiame, la fonte alimentare principale delle vallate, risultava ormai decimato dalle razzie, oppure dal fatto che gli allevatori avevano preferito disfarsene svendendolo, proprio per paura che fosse rubato. Le razzie di rappresaglia compiute dai valdesi non compensavano certo le perdite subite.

La situazione militare sul campo, inoltre, appariva senza una via d'uscita, con nessuna delle parti in grado di sferrare il colpo decisivo. Se da parte ducale, con le sue forze in campo, che ormai rappresentavano gran parte delle forze di cui disponeva l'intero Ducato di Savoia, Carlo Emanuele II non riusciva ad avere ragione della resistenza valdese, però, dall'altra non era intenzionato a cedere. Janavel, da parte sua, poteva invece sicuramente dire di aver condotto una brillante guerriglia, tenuto in scacco le forze ducali con minime perdite e disporre ora di un esercito, i cui ranghi avevano raggiunto gli oltre 2.000 uomini, grazie all'arrivo di numerosi ugonotti dalla Francia e dalla Svizzera. Tuttavia, la popolazione valdese era ormai ridotta allo stremo, le loro case, abbandonate, cadevano in rovina e l'unica cosa che appariva certa era che l'inverno prossimo, questa sarebbe andata incontro a una sicura carestia. In questo quadro, il sostegno alla causa valdese avrebbe, alla lunga, rischiato di venire meno.

Per i valdesi divenne quindi essenziale riuscire ad ottenere dal duca un accordo di pace che mettesse fine non solo alle ostilità in modo contingente, ma risolvesse anche la questione religiosa, per scongiurare nuove persecuzioni e guerre.

In questo contesto, il 10 agosto 1663, il duca emanò un decreto che dichiarava tutta la popolazione delle valli valdesi complice dei banditi, sotto pena di morte e confisca dei beni, se entro 15 giorni non si sarebbe dissociata dalla guerriglia. Era un evidente tentativo di dividere i valdesi per indurli a collaborare contro la guerriglia. Nella comunità, dove affiorava la stanchezza e il logoramento per la situazione che sembrava non avere una via di uscita, aumentarono così le voci critiche nei confronti della guerriglia.

Ancora una volta la salvezza per i valdesi arrivò dall'instancabile lavoro diplomatico degli ambasciatori svizzeri, i quali, il 17 dicembre 1663 a Torino, riuscirono ad avviare una serie di conferenze per la pace, alla presenza di due di loro, Jean Henry Hirzell di Zurigo e Gabriel Weis di Berna, quattro deputati ducali, compreso il marchese di Pianezza e otto rappresentanti valdesi, compresi due pastori.

Rispetto al 1655, adesso la posizione politica dei valdesi appariva però più debole e isolata, perché l'Inghilterra - dove Oliver Cromwell era ormai morto e, a partire dal 1660, al trono era salito Carlo II Stuart, un re che dietro una formale aderenza all'anglicanesimo nutriva forti simpatie verso il cattolicesimo - era diplomaticamente assente. Mentre l'Olanda manteneva una presenza meramente epistolare e la Francia di Luigi XIV, ostile verso i protestanti, nonostante le pressioni dei paesi riformati le imponessero un ruolo di mediatrice.

Durante le trattative, il 25 dicembre 1663, una forza di circa 6.000 uomini fra truppe d'ordinanza e milizie, guidate dai migliori comandanti sabaudi, attaccarono Angrogna da quattro punti diversi. I valdesi vennero battuti a Roccapiatta, Inverso Porte e San Secondo, ma riuscirono a respingere le forze ducali non appena penetrarono in val Luserna, causando loro forti perdite.[59]

Giunta a Torino la notizia di questo imprevisto e sleale attacco, che avrebbe potuto compromettere il processo di pace, per salvaguardare i negoziati in corso si decise di stipulare subito una tregua, rinnovabile di volta in volta. Il 14 febbraio 1664, le parti giungevano così ad un accordo definitivo, grazie al quale Carlo Amedeo II firmava una nuova patente di grazia. Il 18 febbraio i valdesi cessavano, quindi, ogni ostilità contro il ducato, permettendo così, il 20, il ritiro dei soldati sabaudi dalle valli.[60]

Per giungere alla firma dell'accordo, però, i valdesi dovettero accettare il sacrificio di 44 membri della propria resistenza, i quali, definiti "banditi" dalle autorità sabaude, ricevettero una condanna alla pena morte o, in alternativa, all'esilio e alla confisca dei loro beni.

Tra questi membri figurava ovviamente il capo della resistenza valdese Giosué Janavel. Con un documento separato fu convenuto che i "banditi" lasciassero il ducato entro il 22 dello stesso mese. Il nuovo governatore del Forte di Santa Maria di Torre, Luigi Compans Brichanteau si faceva intanto assegnare i beni del pastore Léger, esiliato in Olanda, e di Janavel, esiliato in Svizzera.

Fu deciso che ai valdesi sarebbe toccato anche il pagamento di un gravoso tributo di guerra, a titolo di indennizzo. Tuttavia, un successivo editto, del 15 febbraio 1670, giunto dopo complicate discussioni, ne diminuì notevolmente l'entità. Il borgo di Vigne venne acquisito dal demanio ducale; i beni dei banditi vennero confiscati, mentre gli altri proprietari indennizzati, compresa Catherine Janavel, che rimase però senza la sua abitazione, distrutta.

Non si conosce con precisione il destino dei 44 "banditi" che furono costretti a lasciare il Ducato di Savoia. Alcuni finirono per arruolarsi negli eserciti dei paesi protestanti, altri con-

59 Ferruccio Jalla, Giosué Gianavello (1617-1690), Torre Pellice, Società di Studi Valdesi, 1991. Pag.28
60 Ibid. Pag. 29.

tinuarono a vivere clandestinamente nelle valli, a loro rischio e pericolo. Qualcuno di questi venne catturato. Janavel, ormai divenuto politicamente scomodo, malgrado la brillante campagna militare, lasciò le valli il 19 febbraio e raggiunse Ginevra, dopo un cammino di alcuni giorni attraverso il Delfinato. Nelle valli lasciò la moglie Catherine, a curare i figli e ad amministrare i beni di famiglia fino al 1670, quando questa lo raggiunse a Ginevra.

Dopo la firma degli accordi del 1664, anche su segnalazione degli ambasciatori svizzeri, dopo una breve inchiesta, il duca fece porre agli arresti Giovanni Battista Malingri, signore di Bagnolo. Con il suo comportamento come governatore del forte di S. Maria di Torre, questi era infatti ritenuto il principale responsabile di avere innescato la "guerra dei banditi." Giudicato colpevole dell'omicidio di un noto dignitario cattolico e di molti altri gravi reati (120 omicidi secondo jean Léger) venne condannato a morte, nel 1666.[61]

---

61   Ibid. Pag. 20.

4.3 La guerra del 1686 e l'espulsione dei valdesi dalle valli

Dopo l'accordo del 1664, che poneva fine alla "guerra dei banditi", le valli valdesi conobbero un lungo periodo di pace che sarebbe durato per oltre un ventennio, fino all'arrivo di una nuova potente spinta destabilizzatrice, questa volta non più proveniente dall'interno del Ducato, ma bensì dalla Francia.

Il 18 ottobre 1685, il re di Francia Luigi XIV emanò l'editto di Fontainbleau, un'ordinanza che revocava il precedente Editto di Nantes, che dal 1598 garantiva ai protestanti la libertà di culto, aprendo così nuovamente la strada alle loro persecuzioni in territorio francese e non solo. Infatti, dopo l'emanazione dell'editto, Luigi XIV iniziò a esercitare pressioni sempre più forti su Vittorio Amedeo II di Savoia, perché emanasse un provvedimento analogo nei suoi territori, togliendo così ai protestanti fuoriusciti[62] un rifugio sicuro oltreconfine, che ne fomentava la resistenza.

La richiesta di Luigi XIV a Vittorio Amedeo II era giustificata da un presunto interesse comune, poiché finalizzato ad eliminare un elemento di discordia civile e conflitto che minava la stabilità del potere statale di entrambi i paesi. In realtà, però, rappresentava un'arbitraria e arrogante intromissione della Francia negli affari interni del Ducato di Savoia.

Agli occhi di Luigi XIV, infatti, il Ducato di Savoia era considerato all'epoca poco più di una provincia francese, al massimo con una sorta di folkloristica autonomia. Questa idea si era andata consolidando nella corte francese durante la lunga reggenza di Cristina di Francia Borbone (la "prima madama reale"), durata dal 1637 al 1663, e poi durante quella della cosiddetta "seconda madama reale", Maria Giovanna Battista di Savoia-Nemours, durata dal 1675 al 1684, che avevano segnato un periodo di totale sudditanza del Ducato di Savoia alla Francia.

Sin dall'inizio, a Vittorio Amedeo II questo ruolo subalterno stava però stretto. Tuttavia, salito al potere da poco, il diciannovenne duca non possedeva ancora quella saldezza politica e militare, e quella rete di alleanze internazionali che, da lì a qualche anno, gli avrebbero permesso di sfidare la Francia.

La sua stessa ascesa politica, che gli sarebbe toccata di diritto a partire dai quindici anni di età, era stata ostacolata dalla madre Maria Giovanna, che attaccata alle proprie prerogative e forte del sostegno francese, aveva a lungo rifiutato di cedere il potere al figlio.

Nel 1684, per scavalcare il veto materno, Vittorio Amedeo II aveva dovuto seguire la volontà di Luigi XIV e sposare per procura la figlia del fratello del re francese.[63] Con questo matrimonio aveva potuto acquisire la forza politica per "strappare" il ducato alla reggenza della riottosa madre, ottenendo finalmente il diritto di regnare.

Conscio dei rischi che un rifiuto alla richiesta di Luigi XIV di agire contro i valdesi avrebbe potuto comportare, il giovane duca cercò di guadagnare tempo, procrastinando l'azione, sperando che qualcosa di imprevisto risolvesse la situazione.

La sua ritrosia nel procedere contro i valdesi derivava dal fatto che non esisteva un vero motivo per annientare la presenza valdese nelle sue valli, poiché non c'era alcuna ragione di lamentarsene. Si trattava, infatti, di gente laboriosa che pagava le tasse dovute e, anzi, grazie alla loro posizione di cuscinetto tra Francia e Ducato di Savoia, in caso di guerra avrebbero potuto costituire un "naturale" scudo contro la Francia.

Era, invece, la Francia a costituire un grande pericolo per il ducato, perché continuava a mantenere il suo minaccioso controllo sul corridoio della val Chisone e sulle formidabili piazzeforti di Pinerolo e Casale - quest'ultima peraltro venduta dai Gonzaga ai francesi solo cinque

---

62   Il nuovo editto aveva causato la fuga all'estero di circa 200.000 ugonotti.
63   A Vittorio Amedeo II avrebbe potuto toccare anche un matrimonio con una eventuale figlia del re di Francia, che però aveva solo tre figli maschi.

L'esercito francese rientra nelle valli valdesi con la guerra del 1686.

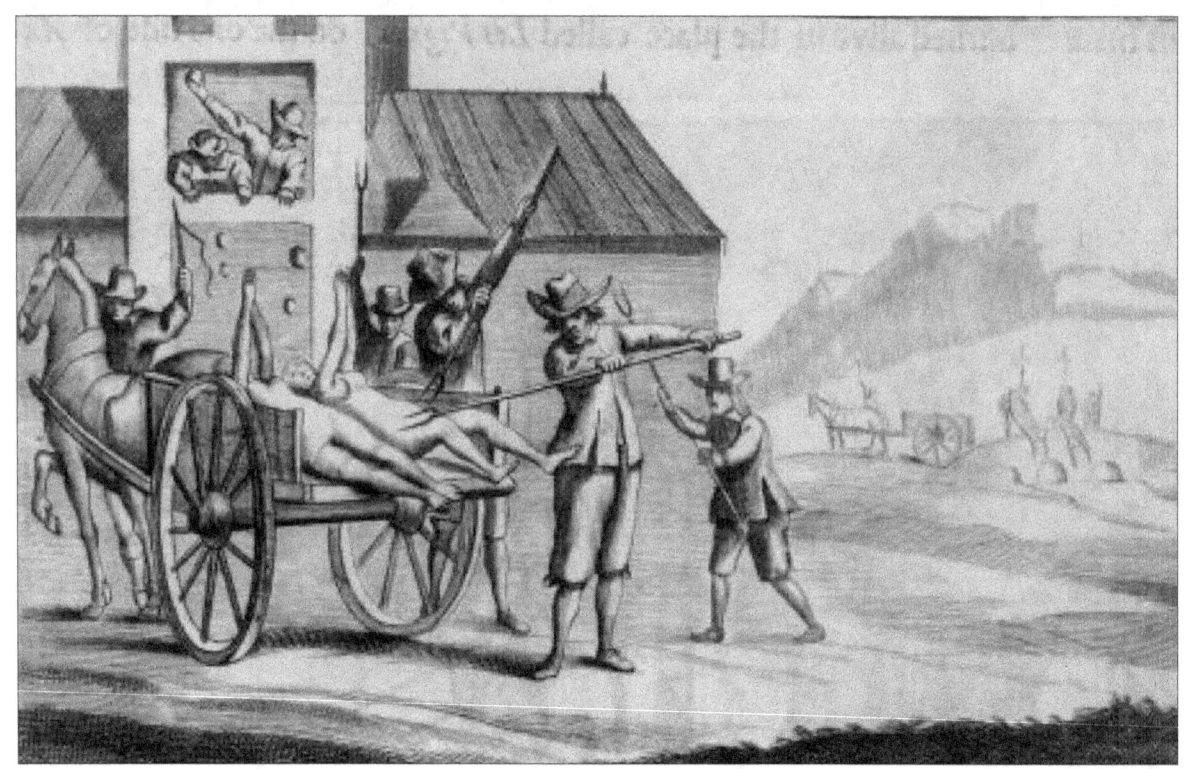

anni prima, cessione che era stata mal digerita dal Ducato di Savoia - con le quali continuava a tenere sotto costante pericolo di invasione la capitale Torino e tutto il Piemonte.

Per il Ducato di Savoia un intervento armato nelle valli sarebbe stato poi anche controproducente, perché avrebbe rischiato di: sprecare risorse militari, sciupare i reggimenti e impoverire le già limitate casse ducali, indebolendo quindi la saldezza dello stato. Avrebbe inoltre creato inutili e pericolosi attriti con i cantoni svizzeri e gli altri paesi protestanti dell'Europa Settentrionale.

Se è indubbio che per Vittorio Amedeo II la presenza valdese nel proprio territorio rappresentasse un'anomalia politica insoluta, il prezzo da pagare per la sua estirpazione la rendeva decisamente poco conveniente. Dello sforzo contro di valdesi, questo era chiaro, il vero beneficiario sarebbe stato solo Luigi XIV.

Per ben tre mesi la corte e i funzionari sabaudi cercarono una via d'uscita diplomatica alla crisi, che permettesse di non scontentare nessuna delle parti in causa e allo stesso tempo di non cedere alla pretesa francese. Ma la proposta degli ambasciatori di Berna e Zurigo di concedere ai valdesi la possibilità di essere esiliati altrove finì per cadere davanti all'intransigenza dei valdesi.

Per spingere il ducato ad agire, la Francia iniziò ad aumentare le pressioni, facendo intendere di essere pronta ad invadere il Ducato di Savoia se questo non avesse collaborato. Di fronte a questa grave minaccia, nulla poterono le pressioni dei paesi protestanti.

Così, il 31 gennaio 1686, Vittorio Amedeo II fu costretto ad emanare nei suoi territori un editto simile a quello emanato in Francia da Luigi XIV in ottobre. Questo editto vietava ai valdesi l'uso dei luoghi di culto e il suo pubblico esercizio e li esortava ad abiurare il loro credo, promettendo in cambio speciali favori, ma in caso contrario minacciando punizioni severe.

A metà aprile, un'assemblea valdese tenuta nel tempio di Roccapiatta rifiutava le richieste di abiura di Vittorio Amedeo II e anche l'offerta di asilo da parte dei cantoni protestanti svizzeri, lasciando così la parola alle armi.

A Vittorio Amedeo II non rimase quindi altro che collaborare con il generale Nicolas de Catinat, uno dei migliori strateghi militari francesi dell'epoca, già giunto a Pinerolo con sei reggimenti.

Venne allestita quindi un'armata sabauda, composta da otto reggimenti d'ordinanza (dei quali sette di fanteria e uno di dragoni) quattro compagnie di gendarmi (cavalleria nobiliare) e alcune milizie, per un totale di circa 4.500 uomini.

Nel dettaglio, questa forza era composta dai seguenti reggimenti di fanteria: Aosta di SAR, Nizza di SAR, La Marina di SAR, Savoia di SAR, Monferrato di SAR, Crocebianca di SAR e Guardie; dalle seguenti unità montate: Dragoni di SAR; prima, seconda, terza e quarta compagnia Guardie del Corpo; quattro compagnie di gendarmi; e dalle milizie di Mondovì, di Barge e di Bagnolo.[64] Il comando sul campo di questa armata, che rappresentava il meglio dell'esercito ducale, venne assegnato a don Gabriele di Savoia, zio del Duca, un militare d'esperienza, già comandante delle truppe sabaude nelle precedenti guerre contro Genova e nel Monregalese.[65]

Comandate dal Generale Catinat, le truppe francesi inviate da Luigi XIV costituivano una forza pressappoco equivalente a quella ducale e comprendevano almeno sette reggimenti di fanteria e unità di cavalleria e di dragoni, per un totale di oltre 4.000 uomini.[66][67]

Come già in passato, i valdesi non esitarono a prepararsi alla battaglia, trasferendo donne e bambini nelle zone più protette e meno accessibili delle valli, impugnando le armi, preparando trincee e accumulando cibo e munizioni. Tuttavia, alle forze franco-sabaude, che combinate raggiungevano gli 8-9.000 uomini, i valdesi potevano contrapporre in tutto non più di 1.500 combattenti, cosa che avrebbe significato per loro ingaggiare il nemico con un rapporto sfavorevole schiacciante, pari a 1 a 6.

Secondo il piano tattico che era stato concertato tra francesi e sabaudi, le truppe francesi si sarebbero mosse il 22 aprile, mentre quelle sabaude avrebbero iniziato le loro operazioni il giorno successivo, e avrebbero dovuto agire separatamente. Ai francesi sarebbe toccato il compito di attaccare dalla val Chisone, mentre ai sabaudi quello di penetrare in val Luserna.

Il 22 aprile, con le sue truppe, il Catinat risalì quindi la sponda sinistra del torrente Chisone e, giunto davanti a San Germano, lo fece attaccare da un distaccamento di cavalleria e uno di fanteria, al comando dal colonnello Villevieille, uno dei suoi due luogotenenti. Catinat proseguì invece con il grosso delle sue truppe, con l'obiettivo di investire frontalmente le forze valdesi attestate a Pomaretto, sulle balze del forte Luis, che serravano l'accesso alla valle di San Martino.

Attaccati dagli uomini del Villevieille, i valdesi di San Germano, guidati dal pastore Enrico Arnaud, si ritirarono sui colli circostanti. Qui, penalizzati dal fatto di essere impossibilitati a manovrare con la cavalleria, a causa del terreno accidentato e dei cespugli, i francesi finirono per venire arrestati dai valdesi. Questi verso sera, dopo dieci ore di aspri combattimenti, contrattaccarono con grande energia costringendo i francesi a battere precipitosamente in ritirata fin oltre il torrente Chisone e infliggendo loro un gran numero di morti e feriti.

La sconfitta fu tale che, nelle concitate fasi della ritirata francese, lo stesso Villevieille, per

64   Casalis Goffredo, Dizionario Geografico Storico statistico commerciale degli stati di S.M. il re di Sardegna, Vol. XIV, Torino. G. Maspero Libraio, 1846. Pag. 893.

65   Reineri Maria Teresa, Anna Maria d'Orleans: regina di Sardegna duchessa di Savoia, Saint-Cloud 27 agosto 1669-Torino 26 agosto 1728, Torino, Centro studi piemontesi, 2006. Pag. 177.

66   Molnár Amedeo, Augusto Armand Hugon, Storia dei Valdesi: Dall'adesione alla Riforma all'emancipazione (1532-1848), Torino, Claudiana, 1974.

67   Giulio Martinat cita i seguenti reggimenti: Limousin, Du Plessis-Bellière, Clérambaut, Provence, La Lande, Roussellion e Dauphiné. Vedere Martinat Giulio, Il grande capo di una grande impresa militare, Bollettino di studi valdesi, n. 69-72 del settembre 1939. Pag. 10.

salvarsi, dovette cercare riparo con altri cinquanta o sessanta soldati all'interno del tempio di San Germano, da dove si difese con un nutrito fuoco di fucileria, mentre i valdesi arrampicatisi sul tetto gli facevano piombare addosso pesanti lastre di ardesia. La situazione divenne tanto critica che, se un grosso distaccamento francese inviato dal Catinat non fosse sopraggiunto in suo soccorso prima del tramonto, il colonnello avrebbe dovuto senz'altro arrendersi.

La giornata, secondo fonti valdesi, si chiuse con cinquecento perdite da parte francese, tra morti e feriti. Per contro i valdesi registrarono solo due morti. Tuttavia, il giorno successivo, i francesi ritentarono l'assalto e, questa volta, sfondarono le difese valdesi.

Giunto all'ingresso della valle di San Martino, Catinat diede al colonnello Mélac, l'altro suo luogotenente, il compito di aggirare i nemici risalendo il Chisone, con un contingente

Il maresciallo de Catinat protagonista nella guerra del 1686.

di 1.200 uomini. All'alba del 23 aprile, il Mélac eseguì gli ordini e, passando per il Vallone del Selvaggio, piombò su Bovile, che veniva data alle fiamme, scendendo poi ai Chiotti e, marciando lungo il torrente Germanasca, giungeva successivamente alle spalle dei valdesi intenti a sbarrare il passo alle forze del Catinat nello stretto fondovalle, obbligandole a lasciare il campo. I francesi poterono così occupare la valle di San Martino, saccheggiando e accanendosi contro la popolazione civile.

Lasciata parte delle truppe nella val San Martino, il Catinat oltrepassò i monti, piombando così su Pramollo, dove, nel borgo di Peumian, si era attestato un gruppo di valdesi in armi. A Peumian i valdesi avrebbero potuto resistere, ma Catinat li convinse ad arrendersi, facendo credere loro che gli abitanti della val Luserna si erano già arresi e che Vittorio Amedeo II li aveva perdonati, esortandoli a fare la stessa cosa.

Una volta che i valdesi ebbero consegnato le armi, gli uomini vennero inviati nelle carceri di Luserna, mentre le donne e i bambini erano consegnati alla soldatesca, che commise contro di loro ogni genere di violenza. Eliminata la resistenza di Peumian, il 25 aprile, Catinat salì sul colle della Vaccera, il colle che metteva in comunicazione Pramollo con la val d'Angrogna. Lì si ricongiunse con l'esercito sabaudo proveniente dalla val d'Angrogna.[68]

68   Jordan Luis, Compendio de Historia de los Valdenses, Firenze, Claudiana, 1901. Pagg. 80-81. https://

Per quanto riguarda i territori sotto sovranità del Ducato di Savoia, l'attacco dell'esercito sabaudo avvenne in modo simile a quello francese. Come concordato, l'esercito aveva lasciato i propri acquartieramenti di Bricherasio e San Giovanni all'alba del 23 aprile, per procedere all'attacco dei valdesi nelle valli di Luserna e Angrogna.

Vittorio Amedeo II, consapevole di essere sottoposto a scrutinio da Luigi XIV, non aveva mancato di preparare la campagna militare con estrema cura, mobilitando a tale scopo gran parte del proprio esercito, compresi i migliori reparti e una grande quantità di pezzi di artiglieria, badando a non far mancare nulla alle truppe schierate sul campo. Lo sforzo fu tale che a Torino e nel resto del Piemonte vennero lasciati soltanto il reggimento germanico e poche altre truppe a garantire la sicurezza.

La spedizione sabauda, che rappresentava il fior fiore dell'esercito ducale, venne inizialmente dispiegata ai piedi delle colline, da Bricherasio fino a Torre. E Divisa in tre colonne principali, fiancheggiate da altre due colonne minori, le quali, per vie diverse, ma con sincronismo, avrebbero dovuto tendere verso la cr11esta della valle di Angrogna.

A Nord di Bricherasio, alla destra dello schieramento, si trovava la colonna principale, comandata da don Gabriele in persona, al quale spettava anche il comando dell'intera armata sabauda, con il marchese Carlo Emilio S. Martino di Parella quale maresciallo di campo. Questi era anch'egli un veterano delle guerre contro Genova e del Monregalese e che si era fatto successivamente una certa reputazione, partecipando alla battaglia di Vienna, dove aveva contribuito alla sua liberazione dall'assedio dei Turchi ottomani, guidati dal Vizir Kara Mustafà.[69]

Lo stesso marchese di Parella comandava l'avanguardia della colonna principale, composta dai granatieri dei reggimenti Guardie e Monferrato. A questa seguiva uno squadrone di dragoni, in parte appiedati, al comando del conte di Verrua, e le quattro compagnie delle Guardie del Corpo,[70] comandato dal signore di San Maurizio, per l'occasione anch'esso appiedato. Dietro questo raggruppamento avanzava una schiera di circa 500 cavalieri di "distinzione" guidati dal principe di Masserano, composta dalla nobiltà piemontese e savoiarda, desiderosa di mettersi in mostra agli occhi del Duca. Questa schiera era seguita dal resto del reggimento Guardie, comandato dal luogotenente colonnello Giuseppe Mesmes di Marolles, con al seguito quattro cannoni e numerose spingarde. Dietro questa truppa seguiva la retroguardia, composta dal resto del reggimento Monferrato, al comando del conte della Trinità, e da un grande quantità di salmerie trasportate a dorso di mulo,[71] che avanzavano in coda alla colonna, davanti a 10 uomini, ciascuno dei quali portava una scala a pioli, e 100 lavoratori o guastatori con i rispettivi arnesi da lavoro.

Al centro dello schieramento, una seconda colonna, meno consistente delle altre due, aveva il compito di fungere da collegamento con le due colonne avanzanti e di proteggerne i fianchi. Questa colonna, agli ordini del maresciallo Compans di Brichanteau, era composta da un'unità di dragoni a cavallo e dai reggimenti Nizza e La Marina. Come le altre due colonne, anche questa aveva al seguito notevoli salmerie, muli, portatori di scale e guastatori, anche se in proporzione alla sua minore entità.

Una terza colonna, a sinistra dello schieramento, era stata posta sotto il comando del mar-

archive.org/stream/compendiodehistoojourgoog/compendiodehistoojourgoog_djvu.txt

69   Ferrero Della Marmora Alberto, Notizie sulla vita e sulle gesta militari di Carlo Emilio S. Martino di Parella, Fratelli Bocca Librai, Torino, 1863. Pag. 75-82. Disponibile online al seguente indirizzo web: https://archive.org/stream/notiziesullavitaooferr#page/82/mode/2up

70   Il reggimento Guardie del corpo era un'unità distinta dal reggimento Guardie. Mentre alla prima spettavano compiti di guardia del palazzo reale, al reggimento Guardie spettavano quelli di protezione personale del Duca.

71   Come i francesi, anche i sabaudi si portarono dietro una grande quantità di salmerie, consistenti in ben 36 muli carichi come segue: 12 di polvere pirica, palle da moschetto e da cannone, micce e granate; cinque di assi e di uncini, uno di utensili vari, due di pietre focaie da fucile, lanterne e torce a vento; 15 di sacchi di lana, uno di sacchi di terra, barili, canestri e gerle per apprestare le batterie dei cannoni e delle spingarde, uno di pelli, asce e budelli.

chese Dogliani e marciava con un'avanguardia formata da granatieri dei reggimenti Savoia, Crocebianca e Saluzzo, seguita da uno squadrone di gendarmi, al comando del conte di Macello, e dal resto dei reggimenti Savoia, Crocebianca e Saluzzo, quest'ultimo con il compito di retroguardia. Anche questa colonna era accompagnata da 38 muli carichi di salmerie.[72] La colonna era completata da 15 spingarde e, come nella prima colonna, da10 uomini ciascuno dei quali portava una scala a pioli, e 100 lavoratori o guastatori.

L'attacco delle truppe ducali sarebbe stato scatenato lungo tutto il fronte Roccapiatta-Costalunga-Sonagliette-basso vallone di Angrogna-Torre. Dei vari assalti, il più violento avrebbe dovuto essere quello contro i Piani, poiché questa località era considerata un punto strategico di primaria importanza, di collegamento tra la val Perosa e quelle di Angrogna e Luserna.

Il compito di conquistare questo obiettivo venne quindi assegnato alla prima colonna, al comando di don Gabriele, con un buon numero di truppe scelte.

La colonna di Brichanteau avrebbe dovuto giungere ai Piani dal lato sinistro, attraverso i valloni della Ciamogna e del Tiramal, coadiuvando l'attacco della colonna di don Gabriele.

Partendo dalla borgata dei Cesans, la colonna Dogliani doveva puntare, invece, alle alture di Costalunga e delle Sonagliette per poi aprirsi la via verso la Colletta e la Sea di Angrogna. Per fare questo, avrebbe dovuto superare vari trinceramenti valdesi e alcuni aspri contrafforti naturali, come quelli di Rocciamaneoud e di Castelus.

A queste tre colonne principali vennero aggiunte altre due colonne minori, destinate a tenere a bada il nemico nel corso delle operazioni e a sventare eventuali insidie sui fianchi delle tre colonne principali. La prima di queste due era composta dal reggimento Aosta, 500 volontari di Mondovì, comandati dal cavaliere di Cigliè, e da alcuni reparti di Gendarmi e di Guardie. Partendo da San Giovanni, a questa colonna venne affidato il compito di avanzare parallelamente alla colonna Dogliani verso Rocciamaneoud e le Sonagliette, a protezione del fianco sinistro e di occupare le alture dominanti l'ingresso del vallone di Angrogna.[73]

Invece, la seconda delle due colonne minori, comandata dal signore di Bagnolo e formata da circa 600 paesani, quasi tutti suoi sudditi, aveva il compito di assalire le alture di Torre, poste alla sinistra del forte di Santa Maria, per proteggere il forte ed impedire l'eventuale afflusso di soccorsi valdesi dall'alta val Luserna.

Fu questa la prima unità ad agire, fin dalla sera del 22 aprile, per dar modo ai battaglioni di Savoia e Crocebianca, di stanza nel forte, di prendere le posizioni loro assegnate per l'attacco del giorno successivo.

All'alba del 23 aprile, tre colpi di cannone sparati dal quartier generale di Bricherasio, diedero alle truppe il segnale dell'attacco generale. Le colonne partirono all'assalto, gareggiando fra loro in rapidità e valore. In breve tempo tutta la collina, da Serra Borei al forte di Santa Maria di Torre, fu un brulichio di uomini e di bestie da soma, che avanzavano tra un intenso schioppettio di fucili, di moschetti e di spingarde, sul quale si elevava ad intervalli il rombo sinistro dei cannoni di don Gabriele, issati per la prima volta su quelle alture.[74]

I sabaudi si aspettavano un'avanzata lenta e difficile, non solo perché ben conoscevano il valore e la tenacia dei valdesi, ma anche perché sapevano che i valdesi avevano costruito sbarramenti e trinceramenti nei punti di più facile accesso.

---

72   Dei quali: 16 carichi di polvere, di palle, micce e granate; 15 di sacchi di lana; cinque di assi e di rampini; uno di utensili vari; due di corde, lanterne e torce a vento; uno di sacchi di terra e di "*saputtes*" per portare la polvere. Vedere: Pascal Arturo, Le Valli valdesi negli anni del martirio e della Gloria (1685-1690), in Bollettino della società di studi valdesi, n. 109 del giugno 1961. Pag. 4.

73   Quest'attacco, che nel piano di guerra doveva essere un finto attacco, per ingannare il nemico ed impegnare parte delle sue forze, si mutò, per la foga dei monregalesi, bramosi di vendetta contro i valdesi, in un vero e furioso assalto che, condotto con barbara ferocia, contribuì efficacemente alla capitolazione della valle di Angrogna.

74   Pascal Arturo, Le Valli valdesi negli anni del martirio e della Gloria (1685-1690). Op. Cit. Pag 7.

Tuttavia, di fronte a un così massiccio dispiegamento di forze, le difese valdesi si rivelarono più deboli del previsto, tanto che le colonne d'assalto, sparando senza tregua ed assalendo i valdesi contemporaneamente da ogni parte, superarono rapidamente ogni ostacolo, raggiungendo tutte, prima di mezzogiorno, gli obiettivi loro assegnati sulla cresta, dai Piani alle Sonagliette, alla Colletta.

Nella prima colonna, quella di destra, la foga dei nobili, inquadrati nei gendarmi, fu così impetuosa che Parella, che comandava l'avanguardia, dovette faticare non poco a contenerne lo slancio e impedire che non oltrepassassero i reparti che li precedevano.

Man mano che risalivano i pendii, le truppe sabaude davano alle fiamme tutto quello che incontravano, tanto che in breve tempo tutta la catena di colline tra Bricherasio e Torre fu avvolta da bagliori di fiamme e da nuvole di fumo.[75] Tutto questo avveniva davanti all'occhio soddisfatto del duca, che dall'alto di un poggio, sotto lo sguardo attento dell'ambasciatore di Francia, poteva osservare la rapida avanzata delle sue truppe, seguendo i bagliori degli incendi e le colonne di fumo che sempre più si andavano avvicinando alla cima dei monti. Durante l'avanzata, quanti valdesi furono trovati vennero uccisi o fatti prigionieri, mentre quelli sorpresi con le armi in pugno impiccati e torturati.

Sin dai primi momenti dell'attacco ducale, fu chiaro che i valdesi erano incapaci di opporre una seria resistenza, sia per l'inesistenza di una unità di comando, sia per la mancanza di un piano coordinato di difesa. Questa carenza causava una eccessiva frammentazione delle loro forze in piccole bande, ciascuna delle quali era impegnata a difendere innanzitutto i propri famigliari, le proprie case o la propria comunità.

Davanti ai furiosi assalti delle truppe ducali, condotti simultaneamente da migliaia di uomini e sostenuti da un abbondante utilizzo di artiglierie da montagna, i valdesi si trovarono così in netta inferiorità e non poterono fare altro che cedere.[76]

La più forte resistenza che i valdesi riuscirono a organizzare fu probabilmente quella dei Piani e delle aree circostanti. Particolarmente degna di nota fu quella organizzata poco prima dei

---

75   Ibid. Pag. 8.
76   Ibid. Pagg. 7-9.

Piani. Qui i valdesi, asserragliati all'interno di una casa, riuscirono momentaneamente ad arrestare l'avanzata della colonna di destra, quella comandata direttamente da don Gabriele, che puntava verso i Piani, attraversando i villaggi di Serra Borei e Lioutard. Dalla casa, trasformata in una sorta di fortilizio, i valdesi riversarono sui ducali un fuoco intenso e micidiale, tanto che per averne ragione questi dovettero impiegare a fondo l'artiglieria, che la ridusse ad un ammasso di macerie, costringendo i suoi occupanti alla fuga.

La resistenza valdese più ostinata si scatenò, però, sull'altopiano, considerato come un punto chiave del loro sistema difensivo. Qui avevano allestito diversi ordini di fossati e di trinceee, con alberi abbattuti e muri a secco, ma si ritrovarono a corto di uomini, tanto che nella prima linea ne riuscirono a schierare solo una sessantina, principalmente di Prarostino, Roccapiatta e alcuni di San Giovanni. I 200 combattenti promessi dagli abitanti d'Angrogna non erano invece potuti giungere in quanto impegnati nel disperato tentativo di contenere la colonna delle milizie di Mondovì, che avanzavano fameliche nel vallone d'Angrogna, uccidendo, saccheggiando e dando alle fiamme ogni cosa.[77]

Così i valdesi dei Piani, da soli, si trovarono di fronte all'impossibile compito di sostenere l'urto di 1.800 soldati ducali. Nonostante la differenza di forze in campo, per sei ore, i valdesi riuscirono a resistere agli incessanti attacchi del nemico e ai colpi di cannone, finché non poterono fare altro che abbandonare i Piani e arretrare su un secondo trinceramento, più in alto. Qui, i valdesi vennero incalzati dai dragoni che avanzavano strisciando fra le rocce e gli anfratti del terreno. Tormentati dallo scoppio continuo delle granate a mano e dai colpi dei cannoni, al sopraggiungere alle loro spalle delle colonne Dogliani e Brichanteau, che minacciavano di chiuderli in trappola, precludendo loro la ritirata verso le alture della Vaccera, i valdesi dovettero alla fine sganciarsi e abbandonare il campo.

Occupati i Piani, i comandanti delle tre colonne principali tennero un breve consiglio di guerra, per fare il punto della situazione, fissare i prossimi obbiettivi da raggiungere e le direttive di marcia da seguire. Fu deciso che le tre colonne avrebbero continuato a marciare nella stessa disposizione tenuta fino a quel momento, mantenendo uno stretto collegamento tra loro e rastrellando tutto il territorio senza concedere tregua al nemico, che ormai sembrava fortemente scosso e scoraggiato dai rapidi progressi dell'avanzata. Don Gabriele si sarebbe mosso a destra sulle alture di Roccapiatta; il Dogliani, sulla sinistra, avrebbe percorso la dorsale dei monti che dominano il vallone di Angrogna; mentre il Brichanteau avrebbe continuato a muoversi tra le due colonne, mantenendo i collegamenti.

A completamento di queste azioni, all'estrema sinistra dello schieramento, anche il conte di Bagnolo con le sue milizie paesane aveva proceduto ad avanzare nel settore assegnatogli, dando l'assalto alle colline che sovrastavano Torre, a ovest del forte di Santa Maria, verso i villaggi di Santa Margherita e Tagliaretto.

Durante questa operazione, le milizie di Bagnolo riuscirono a prendere Santa Margherita, che però sarebbe stata attaccata e temporaneamente perduta il giorno successivo, per il pronto accorrere di rinforzi valdesi.

L'assalto più vasto e più violento nella val Luserna fu quello sferrato dalle milizie di Mondovì ai fianchi delle colline che chiudono l'accesso al vallone di Angrogna. Sotto la guida del signore di Cigliè, avanzando a metà collina, i miliziani di Mondovì, fanatizzati da un antico odio contro i valdesi, saccheggiarono e diedero alle fiamme quanto trovarono sul loro cammino, massacrando quanti gli capitassero tra le mani, compresi donne e bambini. Tuttavia, nella loro foga, spesso disordinata ed avventata, e nella bramosia del predare, subirono un alto tasso di perdite.

Con la forza della disperazione, i valdesi tentarono di resistere ovunque il terreno offrisse loro

77   Ibid. Pag. 9.

un'opportunità. Tuttavia, schiacciati dal numero e dalla potenza di fuoco del nemico, vennero ricacciati sempre più in alto dalle truppe ducali. Così, ai superstiti, nel frattempo rinforzati solo da una dozzina di uomini di San Giovanni, non rimase altro che arroccarsi sul monte Castelletto, sopra Angrogna, a 1512 m altezza, e attendere lì l'assalto del nemico.[78]

Il monte Castelletto, con i suoi fianchi rocciosi e ripidi, costituiva di per sé una fortezza naturale, resa ancora più forte da solide trincee innalzate nei punti più accessibili. Ai piedi del Castelletto le truppe sabaude si fermarono momentaneamente, disorientate dall'asprezza del luogo e dalla difficoltà dell'assalto.

Inizialmente, le truppe sabaude spararono molti colpi di cannone, per smantellare le trincee ed infondere il panico tra i difensori; che però rimasero aggrappati ai loro costoni, pronti a difendersi. Finito il bombardamento, vennero mandati all'assalto reparti di volontari, i dragoni e i granatieri, i quali, strisciando tra gli anfratti del terreno, riuscirono a spingersi fino ad un tiro di pistola dal primo trinceramento, finché non vennero arrestati dal micidiale fuoco dei difensori.

Per aggirare le posizioni valdesi, Don Gabriele diede ordine al reggimento La Marina e a reparti di gendarmi di risalire l'altura dalla parte di Angrogna; ma anche questi, una volta giunti a tiro dei fucili valdesi, vennero fermati dal loro micidiale fuoco. Neanche il successivo invio del reggimento di Savoia sortì alcun effetto.

A questo punto, don Gabriele, giudicando che l'azione avrebbe richiesto un tributo di sangue troppo alto, che la sera si avvicinava e che le truppe erano ormai stanche per i combattimenti sostenuti, preferì desistere da ogni ulteriore assalto, attestandosi ai piedi del colle e rinviando al mattino seguente l'assalto decisivo.

Il 24 aprile, un'ora prima del sorgere dell'alba, le truppe sabaude, schierate a ventaglio intorno al Castelletto, mossero all'assalto della trincea dove il giorno precedente si erano asserragliati oltre un centinaio di valdesi. I cannoni prepararono il terreno ai granatieri e alle fanterie, facendo crollare gran parte del muro. Tuttavia, quando i soldati giunsero nei trinceramenti, li trovarono completamente vuoti. I valdesi durante la notte avevano abbandonato in silenzio la loro posizione per ritirarsi in una seconda trincea ancora più in alto, in un luogo di più difficile accesso. Da questa posizione, i difensori, ormai ridotti a meno di un centinaio di combattenti, potevano vedere distintamente l'estensione degli incendi e dei pennacchi di fumo nel vallone di Pramollo, occupato dai francesi, e in quello di Angrogna, occupato dalle truppe sabaude.

Di fronte alla ferocia delle forze attaccanti e ai terribili racconti dei pochi fuggiaschi che erano riusciti ad evitare la morte rifugiandosi sui monti, tra i valdesi si diffuse un senso di ineluttabile sconfitta. Questo venne rafforzato dalla notizia, portata da due ministri, che Pramollo era stata data alle fiamme dai francesi, che la gran parte della popolazione era stata sterminata e i superstiti si erano consegnati ai francesi. In val San Martino la popolazione aveva invece cessato la resistenza e si era anch'essa arresa al Catinat.

Fu così che i valdesi del Castelletto, mentre le truppe sabaude si preparavano a dare l'assalto al secondo trinceramento, decisero di deporre le armi e rimettersi alla clemenza del Duca, con la speranza che, fatta la sottomissione, sarebbero stati rimandati liberi alle loro famiglie e alle loro case. Questo però, si sarebbe rivelato illusorio, perché, una volta ottenuta la resa, don Gabriele ne trattenne alcuni perché fungessero da guide e ostaggi, e inviò il resto nelle prigioni di Luserna.

Fu così che le truppe sabaude poterono attraversare le Rocciaglie[79] senza incontrare resistenza e giungere verso le due del pomeriggio sulla Vaccira, in località Ballo, il luogo stabilito per il

---

78   Ibid. Pag. 10
79   Le Rocciaglie erano una zona particolarmente impervia, che avrebbe potuto offrire un serio ostacolo alla loro marcia. Pascal Arturo, Le Valli valdesi negli anni del martirio e della Gloria (1685-1690). Op. Cit. Pag. 19

congiungimento delle armate francese e sabauda. Don Gabriele fece occupare dal reggimento Savoia le alture sovrastanti il Prà del Torno e lì attese l'arrivo dei francesi, che erano già in vista e informati della sua marcia e della resa dei valdesi.

Scardinato il grosso delle difese avversarie, come già aveva fatto il Catinat a Peumian, le truppe sabaude chiesero ai valdesi che ancora resistevano nelle valli di deporre le armi, offrendo loro in cambio assicurazioni che avrebbero avuto salva la vita.

Per vincere le titubanze degli ultimi nuclei di combattenti e catturare i fuggiaschi che erravano di rupe in rupe per sfuggire ai rastrellamenti, don Gabriele fece diffondere per tutte le valli l'annuncio che il duca non chiedeva che obbedienza; che i valdesi non avevano altro da fare che sottomettersi e che tutto sarebbe stato loro perdonato; che chi avesse abiurato avrebbe potuto rimanere tranquillo a godere il possesso della propria casa e dei propri beni; e che chi invece voleva espatriare, lo avrebbe potuto fare quando tutto il popolo si fosse arreso. Queste promesse, non veritiere, permisero ai ducali di ottenere la resa di molti altri valdesi, che, una volta deposte le armi, come gli altri vennero tradotti in cattività a Luserna.[80]

Il 25 aprile, la terza ed ultima giornata di guerra, fu caratterizzata da tre fatti importanti: la presa di Prà del Torno, il congiungimento delle truppe franco-piemontesi sul posto del Ballo e la capitolazione definitiva dei valdesi di Angrogna.

In quel giorno, infatti, il generale Catinat, attraversato il vallone di Pramollo, desolato dagli incendi e dalle stragi compiute dai suoi uomini, giungeva sul pianoro del Ballo, alla Vaccira, dove lo attendevano le truppe di don Gabriele e dove li avrebbe raggiunti anche la colonna del brigadiere Mélac.

Dell'arrivo di Catinat, don Gabriele diede immediato avviso al duca, il quale sarebbe giunto il giorno successivo a Prà del Torno, dove avrebbe pranzato con don Gabriele; poi, salito sull'altura del Ballo, avrebbe ispezionato le truppe ducali e francesi, tenendo un consiglio di guerra con lo stesso don Gabriele, Catinat e con i loro ufficiali superiori.

Poiché la sottomissione dei valdesi di San Giovanni, Prarostino e Roccapiatta non impedì che molte case andassero saccheggiate e bruciate, e che molte persone continuassero ad essere passate a fil di spada e a subire la brutalità delle soldatesche, numerosi fuggiaschi, vedendo che i patti promessi non erano rispettati e che i compagni arresisi venivano seviziati, uccisi o condotti nelle prigioni di Luserna, continuarono a rimanere nascosti in rifugi inaccessibili. Mentre don Gabriele rimaneva accampato con una parte dei suoi uomini sulle alture dominanti l'abitato di Prà del Torno, precludendo ogni via di scampo ai difensori di quell'ultimo baluardo: all'alba del 25 ottobre, il Marchese di Parella, con un contingente di 2.000 uomini, preceduto da due ostaggi, iniziava la discesa sull'abitato, dove la gran parte della popolazione di Angrogna non in grado di combattere si era rifugiata e aveva ammassato, in vista della guerra, gran parte del bestiame e dei raccolti.

Sul suo cammino Parella non incontrò nessuna resistenza, perché molti dei combattenti avevano già deposto le armi e gli altri si erano accinti a fare altrettanto, dopo che il maresciallo ebbe assicurato sul suo onore che se si fossero arresi nessuno avrebbe toccato le loro persone nè fatto del male alle loro mogli e ai loro figli; che avrebbero potuto portar via quello che volevano, senza timore di essere derubati; che non si richiedeva loro altra formalità che quella di recarsi a Luserna a fare atto di sottomissione al duca, dopo di che coloro che avessero voluto abiurare avrebbero potuto ritornare tranquilli alle loro case e quelli che avessero scelto l'esilio, lo avrebbero potuto fare alle stesse condizioni fissate dall'editto del 9 aprile.

A Prà del Torno circa 3.000 uomini, donne, vecchi e bambini si arresero a Parella e vennero tradotti a Luserna da una parte degli uomini del Marolles. Tuttavia, come già avvenuto a Pramollo e in val San Martino, gli ordini di Parella e Marolles e ai suoi granatieri di impedire

80   Pascal Arturo, Le Valli valdesi negli anni del martirio e della Gloria (1685-1690). Op. Cit. Pag. 20

qualsiasi atto violento da parte delle sue truppe e dei volontari di Mondovì contro la popolazione inerme, non scongiurarono le violenze. Durante la marcia verso Luserna, i prigionieri che non erano in grado di camminare o di tenere il passo vennero sgozzati o fatti precipitare nei borri o gettati nei gorghi dell'Angrogna.

Con la resa di Prà del Torno crollò la resistenza valdese e si chiuse la prima fase della campagna militare. Il bilancio complessivo delle perdite ducali nei combattimenti svoltisi tra il 23 ed il 25 aprile era stato tutto sommato contenuto: 60 morti o feriti tra i soldati regolari e circa un centinaio di morti e feriti tra le milizie volontarie di Mondovì e di Bagnolo.

Il 26 aprile, mentre si teneva l'incontro tra don Gabriele, Vittorio Amedeo II e Catinat, molti valdesi di Villar e Bobbio, avendo udito quanto accaduto nelle altre valli, avevano deciso di deporre anch'essi le armi e di rimettersi alla misericordia del sovrano, ma erano trattenuti dal farlo per paura d'incappare nelle milizie volontarie di Mondovì, che si erano costruiti la sinistra fama di massacrare quanti capitassero nelle loro mani.

Venne inviato allora a parlamentare il maggiore Vercellis, comandante del forte di Santa Maria di Torre. Solo dopo che questi ebbe dato assicurazioni sulla loro incolumità, portando con sé un buon reparto di Guardie per garantirla, un primo gruppo di Villar e Bobbio giunse a Luserna protetto dalle vessazioni dei miliziani e rinchiuso nel forte di Santa Maria di Torre, insieme agli altri prigionieri. Il 28 aprile anche il resto della popolazione di Villar si arrese e, consegnate le armi al Vercellis, sotto la scorta di truppe regolari, venne condotto a Luserna.

Intanto, anche le milizie di Mondovì venivano fatte rientrare, così come quelle del conte di Bagnolo, quest'ultimo rimasto ormai con pochissimi volontari, in quanto la maggior parte lo aveva abbandonato per trasportare nelle proprie case di Barge e Bagnolo i frutti dei saccheggi effettuati durante la campagna, consistenti in generi alimenti, oggetti preziosi, masserizie e bestiame.

Nell'incontro del 26 aprile al Ballo, venne deciso che Catinat si sarebbe recato con le sue truppe nella valle di San Martino per eliminare le ultime sacche di resistenza valdese, mentre le truppe ducali avrebbero fatto altrettanto nell'alta val Pellice. Ma al suo ritorno a Luserna, indotto da notizie ottimistiche che lasciavano prevedere l'immediata sottomissione di tutto il popolo valdese e dalla triste constatazione, fatta personalmente, delle rovine che la guerra aveva recato alle vallate, il duca preferì sospendere le azioni militari fino al 29 aprile, per permettere la resa di coloro che ancora resistevano.

Alla scadenza dell'ultimatum, i valdesi avevano deposto le armi ovunque, salvo in alcune isolate sacche di resistenza a Bobbio, Massello, Rodoretto, Rorà e Prali.

Gli abitanti di Bobbio resistettero fino al 12 maggio, finché non furono sopraffatti e massacrati.

La comunità di Massello continuò a resistere, appoggiandosi allo sperone della Balsiglia, chiamato localmente "il Castello" perché un tempo aveva ospitato un vecchio castello che dominava l'abitato di Balsiglia. Il 3 maggio questa posizione venne attaccata da tre lati dal Catinat in persona, con 2.000 uomini, ma senza successo. Dopo questa sfortunata azione, il generale francese si ritirò ai Chiotti e incaricò di proseguire le operazioni il colonnello De Magny.

Questi condusse un nuovo attacco con circa 600 soldati, ma venne nuovamente respinto. Per salvare la sua reputazione, Catinat decise di incamminarsi nuovamente verso la Balsiglia, per farla finita con i ribelli. Ma la pioggia ed una fitta nebbia che avvolgeva il Pelvo, lo costrinsero a tornare indietro e a rimandare la sua azione. Il 17 maggio, Catinat sferrò un nuovo attacco con 550 uomini accuratamente scelti. Rimase sul luogo un paio di giorni e, questa volta, riuscì a sorprendere i valdesi dall'alto, dalla cima dei Quattro Denti, assalendo da ogni lato la posizione difesa dai valdesi, non lasciando loro scampo.

Durante l'assalto, si consumò una delle azioni più sanguinose di tutta la guerra, poiché tutti i valdesi rifugiati all'interno del Castello, una sessantina di individui, vennero massacrati sul posto, compresi donne e bambini. Solo uno venne preso vivo, ma fu subito fatto impiccare per ordine del Catinat. Soddisfatto per aver portato a termine anche quest'ultima operazione, il generale francese diede ordine di abbandonare il campo e marciare alla volta di Casale, per tornare ai suoi compiti di comandante generale di tutte le truppe francesi in Italia.

Con la caduta della Balsiglia era crollato l'ultimo baluardo della resistenza valdese nelle valli. I valdesi erano stati sconfitti perché avevano affrontato la guerra in modo approssimativo e privi di un coordinamento unificato. Così, in netta inferiorità numerica, di fronte al rapido avanzare delle preponderanti forze franco-ducali, le loro difese si erano sgretolate.

Solo tre dei tredici ministri delle valli valdesi riuscirono a sfuggire alla cattura, uno di questi era Enrico Arnaud, che si sarebbe rifugiato in Svizzera, da dove pochi anni dopo sarebbe divenuto il grande animatore del "Glorioso Rimpatrio" dei valdesi nelle valli.

Per i valdesi il risultato di questa sconfitta ebbe conseguenze tragiche: dei circa 12.000 valdesi presenti nelle valli, un migliaio era morto durante i combattimenti o a causa delle fatiche e degli stenti. Case, templi e campi erano stati incendiati e devastati, e greggi e mandrie razziate. Uomini, donne, vecchi e bambini vennero rastrellati e concentrati nelle carceri di Luserna e nella Piana di San Secondo. Un migliaio di valdesi si diede alla macchia, rimanendo nelle valli braccato dalle forze ducali. Duemila scelsero di abiurare la propria fede per evitare il supplizio dell'internamento e la morte. La maggior parte dei valdesi che si erano arresi, circa ottomila, confidando nelle promesse di clemenza delle autorità, finirono nelle segrete delle fortezze di Asti, Carmagnola, Cherasco, Fossano, Ivrea, Mondovì, Revello, Saluzzo, Trino, Verrua, Vercelli e Villafranca, e, naturalmente, in quelle della cittadella di Torino.

Stipati in questi luoghi malsani, nei mesi successivi, i valdesi vennero decimati dalle cattive condizioni di prigionia (malnutrizione, acqua infetta, freddo e malattie). I bambini orfani, tra i quali vi erano coloro che erano stati trovati soli o avevano semplicemente perso i contatti con le loro famiglie, vennero distribuiti presso famiglie cattoliche, per servire come domestici o garzoni, e per essere catechizzati.

L'internamento dei valdesi nelle prigioni sabaude durò per oltre sette lunghi mesi, fino agli inizi del gennaio 1687. Il 3 gennaio di quell'anno, cedendo alle pressioni dei cantoni protestanti elvetici, Vittorio Amedeo II acconsentì al loro rilascio, a patto che accettassero l'esilio in Svizzera e Germania. Degli 8.000 internati nel maggio 1686, nel gennaio 1667 ne erano sopravvissuti solo 3.696, meno della metà. Di questi, 977 optarono per abiurare la fede valdese e trasferirsi a Vercelli, dove si sarebbero trovati a condurre una vita molto grama, fatta di duro lavoro di bonifica e dissodamento dei terreni, esposizione al clima malsano delle risaie e stretto controllo da parte delle diffidenti autorità locali. I restanti 2.719, i più ostinati, coloro che nonostante tutto non avevano rinnegato la loro fede, scelsero la strada più impervia, che attraverso il valico del Moncenisio e le strade della Savoia, nel gelo e nella neve, li avrebbe condotti verso la salvezza, in territorio elvetico e germanico. Molti però sarebbero morti durante il viaggio.[81]

Gli uomini e donne che riuscirono a raggiungere la Svizzera e la Germania rappresentavano un gruppo di sopravvissuti temprati e irriducibili. Verso la fine della loro prigionia in Piemonte, il conte Leonardi, ispettore delle prigioni, dopo una visita ai superstiti valdesi del castello di Saluzzo, si espresse su di essi in questi termini: *Questi uomini, che hanno scelto di uscire dagli stati e di andare fra gli svizzeri sono dei migliori, dei più arditi ed armigeri delle valli e non mostrano della pronta loro partenza il minimo rincrescimento, persuadendosi di trovare nei Signori Bernesi protezione e favori non ordinari.* Pochi anni dopo, da questo gruppo sarebbero emersi i protagonisti del "Glorioso rimpatrio", che avrebbero guidato la riscossa dei valdesi nelle loro valli natie.

---

81   Pascal Arturo, La prigionia dei Valdesi, Torre Pellice, Società di Studi Valdesi, 1944. Pag. 14.

4.4 Il "Glorioso rimpatrio" (1689-1690)

4.4.1 L'organizzazione

Il ritorno dei valdesi nelle proprie valli ebbe luogo in un momento storico estremamente travagliato nelle relazioni tra la Francia di Luigi XIV e il Ducato di Savoia. Nel 1688, in Europa era scoppiata la guerra della Grande Alleanza che vedeva il regno di Francia combattere contro una grande coalizione formata dalle principali potenze europee, tra le quali: il Sacro Romano Impero, la Spagna, la Danimarca, la Svezia e le Sette Province Unite. Sospettando possibili capovolgimenti delle alleanze, Luigi XIV iniziò a fare pressioni su Vittorio Amedeo II perché prendesse parte attiva nel conflitto, al fianco della Francia.

Il primo atto di Luigi XIV fu la richiesta al Ducato di Savoia di tre reggimenti, per un totale di 3.000 uomini, da fare combattere nelle Fiandre. A questa richiesta Vittorio Amedeo II replicò inviandone solo 1.200, giustificandosi con il fatto che i reggimenti sabaudi avevano a pieno organico solo 400 uomini e non mille. Luigi XIV accettò, imponendogli però un limite massimo all'esercito sabaudo di 2.000 effettivi. L'intento di Luigi XIV era chiaro: usare l'esercito del Ducato di Savoia per rafforzarsi su altri fronti e, al contempo, limitare la sua forza militare per prevenire il rischio che questo potesse rivolgerglisi contro, entrando nella Grande Alleanza.

Nell'inverno 1689, in un clima di sfiducia reciproca, Vittorio Amedeo II decise il richiamo in patria dei suoi reggimenti basati nelle Fiandre, giustificando la decisione con la necessità di sopperire alla scarsità di truppe a difesa del Ducato di Savoia da una possibile aggressione spagnola.

Luigi XIV rispose però prontamente di volersi trattenere le truppe sabaude, aggiungendo di essere disposto ad inviare in Piemonte 5.000 o 6.000 dragoni francesi per garantire la difesa del Ducato di Savoia. Una mossa, quella di Luigi XIV, che mirava ad imporre al duca un esercito di occupazione.

Truppe valdesi al momento della partenza da Ginevra. Incisione di Johannes Luyken (Amsterdam 1649 -1712).

Sottoposto alle pressioni di Luigi XIV a unirsi a lui contro la Grande Alleanza, il Duca rispondeva di non sentirsi militarmente pronto e di preferire il mantenimento della neutralità, mentre aggirava il divieto di Versailles di mantenere in armi di un esercito superiore a 2.000 uomini, richiamando e congedando a rotazione i reggimenti della milizia, riuscendo così a mantenere le unità in addestramento senza sforare i limiti imposti e, allo stesso tempo, portando avanti trattative segrete per entrare nella Grande Alleanza.

Lo scenario risultava complesso, poiché la Francia era profondamente insediata all'interno dei confini del Piemonte, controllava le vallate dell'alta Dora (fino a Chiomonte) e della val Chisone (con i borghi di Fenestrelle, Perosa, Pinasca e Villar), fino a Pinerolo, trasformata dai francesi in una munita piazzaforte, a poche ore di marcia da Torino. Inoltre, ai confini orientali del ducato di Savoia la Francia manteneva anche il controllo della piazzaforte di Casale, considerata al tempo una delle più formidabili d'Europa, strappata qualche anno prima con un trattato segreto all'imbelle duca di Mantova.[82] Queste piazzeforti tenevano il Ducato di Savoia in una morsa e permettevano a Luigi XIV di mantenerlo sotto continuo ricatto.

La val Chisone deteneva quindi un valore strategico per la Francia, in quanto garantiva il collegamento con le piazzeforti di Pinerolo e Casale e un transito rapido e diretto delle truppe francesi verso l'Italia settentrionale, in direzione del Ducato di Savoia e del milanesato, in mano agli spagnoli.

La repressione dei valdesi del 1686 era stata voluta dalla politica intollerante e assolutista di Luigi XIV, che aveva mirato a imporre al ducato di Savoia la stessa politica di eliminazione dei protestanti già attuata in Francia, ma anche dalla volontà di rimuovere un elemento di potenziale disturbo lungo il corridoio di collegamento con l'Italia. Se l'eliminazione dell'elemento valdese dalle valli era risultata funzionale alla Francia, non lo era stata certo in egual misura per il Ducato di Savoia. Le valli valdesi avrebbero potuto costituire uno scudo naturale contro possibili attacchi francesi provenienti dall'arco alpino.

Per Vittorio Amedeo II era semmai proprio la protuberanza del delfinato che si estendeva così pericolosamente nel cuore dei possedimenti sabaudi a rappresentare una costante minaccia. Tuttavia, il duca che, al tempo dei fatti era salito al trono da pochi mesi, non era stato in grado di opporsi agli ordini di Versailles e li aveva eseguiti. Terminate le operazioni belliche, deportati i valdesi e allontanati i francesi, le valli erano rimaste spopolate, mentre i pochi superstiti scorrazzavano in bande, taglieggiando e terrorizzando gli abitanti rimasti, con grave danno per l'economia locale e il ducato.

Nell'autunno 1686, senza allarmare la Francia e compromettere il prestigio del Ducato di Savoia, i cantoni svizzeri erano intervenuti per salvare i valdesi superstiti, sia quelli rinchiusi nelle fortezze del Piemonte, sia quelli ancora in armi sui monti. Fu convenuto che i valdesi venissero accolti temporaneamente nei cantoni Svizzeri in attesa di essere trasferiti più a nord, nei paesi protestanti dell'Europa settentrionale. E così era avvenuto.

Giunti a Ginevra, i valdesi erano stati immediatamente smistati tra i diversi cantoni di Berna, Basilea, Zurigo, San Gallo e Sciaffusa. Una volta a destinazione erano stati alloggiati presso abitazioni private, in edifici pubblici: conventi, monasteri requisiti durante l'epoca della riforma. Qui iniziarono a vivere in modo provvisorio, dipendendo finanziariamente dai sussidi elargiti dalle autorità cantonali o ecclesiastiche e utilizzando fondi raccolti nelle collette o nei Paesi Bassi.

Tuttavia, rispetto agli ugonotti francesi, che godevano di una migliore condizione sociale, essendo in maggioranza mercanti, artigiani e borghesi, per i valdesi le possibilità di trovare

---

82   La Francia aveva acquistato la fortezza di Casale nel 1681, soffiandola al Ducato di Savoia. Il controllo dei francesi sulla poderosa piazzaforte, oltre a rappresentare un ulteriore strumento di controllo del Ducato di Savoia, dava ai francesi un solido punto di appoggio nella lotta contro gli Asburgo di Spagna e di Austria in Italia.

L'imbarco dei valdesi a Prangins, Nyon. Fonte: Museo storico di Losanna.

un'occupazione stabile ed emanciparsi economicamente risultarono limitate, così come quelle di emanciparsi economicamente. Per loro l'unico modo per sbarcare il lunario rimase, quindi, quello di servire come braccianti presso altri contadini svizzeri. Essendo però tutti piccoli proprietari, usi alla vita in montagna libera e indipendente, non si adattavano bene neppure a queste attività, così, i valdesi continuarono a non rassegnarsi alla perdita della loro "patria" e a sognare una riconquista delle valli che garantisse loro la possibilità di farvi ritorno.

Tra i valdesi in esilio erano presenti molti sopravvissuti che avevano organizzato la resistenza contro le forze di occupazione franco-savoiarde del 1663-64 e, ovviamente quella del 86. Ad esempio, a Ginevra si trovava Giosué Janavel, il vecchio leader della resistenza valdese degli anni cinquanta e sessanta, esule da ormai più di vent'anni. Per quanto ormai anziano e poco in salute, il "leone delle valli" continuava a rimanere una figura simbolo della resistenza valdese e uno dei principali animatori della comunità.

Sempre a Ginevra, si era rifugiato anche Enrico Arnaud, uno dei tre pastori scampati ai rastrellamenti delle valli, leader del "partito" degli intransigenti che nella riunione di Roccapiatta aveva fatto prevalere la decisione di resistere ad oltranza. Arnaud era stato il protagonista dell'eroica difesa di San Germano del 1686, quando aveva respinto le truppe del Villevieille e i valdesi avevano per un attimo sperato di poter resistere, prima di subire la riscossa francese. A Ginevra, Arnaud era spiato dagli agenti ducali che cercavano di catturarlo o eliminarlo, prezzolando dei sicari. Culturalmente inferiore rispetto a personaggi quali Jean Léger,[83] Enrico Arnaud era però un abile e infaticabile organizzatore, attento alle evoluzioni della politica internazionale. In modo defilato, Arnaud andò in missione in Olanda e svolse un'intensa attività diplomatica nei cantoni svizzeri per preparare il ritorno dei valdesi nelle loro valli. Già nel

---

83   il famoso autore dell'Histoire générale des Églises evangéliques des vallées de Piémont ou vaudoises (pubblicato in Olanda nel 1669).

giugno 1687, un gruppo di valdesi cercò di fare un tentativo, senza successo, di attraversare il Lago Lemano da Losanna per raggiungere la Savoia.

Il 24 giugno 1688, venne organizzata una seconda spedizione armata, forte di centinaia di uomini, che si radunò nel villaggio di Bex, sul Rodano, ai tempi sotto il dominio di Berna. L'idea era quella di passare per il Vallese, la Val d'Aosta e la Morienna, attraverso il colle del Ferret e il piccolo San Bernardo. Tuttavia, le autorità del Cantone Vallese (cattolico) e quelle savoiarde, allarmate, si affrettarono a sbarrare i ponti di passaggio e ad aumentare i controlli alla frontiera. Intervennero le autorità locali e il balivo di Aigle, il funzionario responsabile dell'ordine pubblico, che tenne loro un discorso nella chiesa del paese, alla fine i valdesi furono convinti a rinviare l'impresa poiché i tempi non erano propizi.

Nel luglio 1688, dopo questo tentativo, Arnaud venne espulso da Ginevra e costretto a riparare nuovamente in Olanda. Ma i tempi stavano ormai facendosi più propizi per i valdesi e, soprattutto il clima politico internazionale stava cambiando, aprendo nuovi spiragli per la loro causa. Arnaud, fece apparizioni a Sciaffusa, poi in Germania e poi ancora in Olanda per cercare sistemazioni per i suoi confratelli, o apparentemente questo era il motivo ufficiale. Si sa che durante i suoi viaggi ebbe incontri personali con l'elettore del Brandeburgo e con lo *Stadhouder* d'Olanda Guglielmo III d'Orange-Nassau. Agli inizi del 1689, Arnaud si trovava a Sciaffusa per acquistare armi, poi di nuovo a Zurigo. Sarebbe ricomparso a Ginevra il 24 agosto 1689, il giorno della partenza della spedizione del Glorioso Rimpatrio.

Un fattore importante che creò i presupposti per la realizzazione della spedizione del Glorioso Rimpatrio fu l'incapacità di una grande parte della popolazione valdese in esilio di trovare una stabile collocazione nei territori che li ospitavano. Nel periodo precedente alla spedizione del Glorioso Rimpatrio, alcuni gruppi di valdesi, su pressione delle autorità cantonali elvetiche, avevano accettato il ricollocamento definitivo oltre il Reno. Un gruppo di alcune centinaia di persone era finito nel Brandeburgo, dove, sin dal 1685 le autorità locali avevano emanato un Editto (Editto di Potsdam) con cui offrivano asilo religioso ai protestanti perseguitati in Europa. Altri due gruppi di consistenza simile vennero ricollocati rispettivamente nel Württemberg e nel Palatinato, per ripopolare terre devastate dalla guerra e rimaste incolte. Tuttavia, solo il gruppo del Brandeburgo riuscì ad insediarsi stabilmente e non fece più ritorno.

Dal Württemberg, non si sa per quale motivo, forse per l'insofferenza alla nuova presenza da parte della popolazione locale, o per paura di difficoltà da parte francese, o ancora per la diffidenza della chiesa luterana nei confronti di riformati che ritenevano troppo influenzati dalla dottrina calvinista, 350 valdesi vennero rimandati in Svizzera nell'autunno dello stesso anno, dopo poche settimane dal loro arrivo.

Le vicende del gruppo inviato nel Palatinato furono anche più travagliate, perché una volta giunti sul posto, lo stato venne invaso dalle truppe francesi, comandate dal generale Luxemburg, le quali sfondato senza preavviso il fronte del Reno lo devastarono. I valdesi, ben consapevoli dei pericoli che stavano correndo, si affrettarono quindi ad abbandonare i loro insediamenti provvisori e a riparare in Svizzera.

Nell'inverno del 1688, i cantoni svizzeri si ritrovarono così a dover gestire di nuovo il problema del ritorno dei profughi dal Württemberg e dal Palatinato. Come in precedenza, i valdesi vennero sistemati in alloggi provvisori, dove passarono il resto dell'inverno cercando di sopravvivere come meglio potevano.

Nella primavera del 1689, i valdesi vennero nuovamente allontanati da tutti i cantoni dove erano stati risistemati, tranne quelli di Ginevra e dei Grigioni. Questo rafforzò ulteriormente la loro volontà di tornare in patria. Intanto, i preparativi per la nuova spedizione del "Glorioso Rimpatrio," compreso l'addestramento militare dei suoi membri, procedevano senza sosta.

Per questa spedizione Giosué Janavel scrisse una sorta di manuale chiamato "Le istruzioni

Il glorioso rimpatrio dei valdesi

militari," che i capitani e i soldati avrebbero portato con loro durante l'impresa. Le istruzioni militari di Janavel rappresentavano il primo manuale di guerriglia mai scritto in Europa, in e contenevano consigli pratici da adottare durante la marcia di avvicinamento alle valli e per la loro difesa una volta raggiunte. Nel manuale Janavel fece confluire tutta la sua lunga esperienza di comandante guerrigliero di un territorio che conosceva benissimo e delineò anche quali dovessero essere l'atteggiamento mentale e lo spirito religioso per riuscire ad avere successo nell'impresa. Le "istruzioni militari" contribuirono a trasformare una banda di fuoriusciti esasperati in un esercito disciplinato, efficiente e pronto a dare il tutto per tutto per la causa, consapevole di servire il Signore contro le forze del male. In altre parole, come già era accaduto nell'esercito di puritani di Oliver Cromwell, li trasformò in una sorta di "Ironsides" delle Alpi. Nella tarda estate del 1689 tutto era ormai pronto per la spedizione. Nella notte del 24 agosto, i valdesi si radunarono in armi a Prangins, vicino Nyon, sulle rive del lago Lemano. Adesso, non erano più un gruppo di profughi insofferenti, ma un vero e proprio esercito moderno di 972 uomini, perfettamente addestrato e composto da combattenti animati da un forte spirito religioso e pronti a tutto per riconquistare le proprie valli.

Salirono tutti a bordo di alcune imbarcazioni di pescatori che avevano requisito sul posto ed entrarono nel territorio della Savoia con uno sbarco vicino al villaggio di Yvoire. La struttura di questo piccolo esercito era stata pensata con cura. Il corpo di spedizione era suddiviso in piccole compagnie omogenee di circa 45 uomini provenienti dallo stesso villaggio d'origine. Questo permetteva di formare a livello di compagnia nuclei coesi, uniti non solo dalla stessa fede religiosa, ma anche da vincoli di parentela, dal medesimo dialetto e da comuni ricordi.

Un altro elemento innovativo delle compagnie del Glorioso Rimpatrio risiedeva nella scelta del capitano, che venne lasciata ai componenti della compagnia stessa. Questo rappresentava un cambiamento radicale rispetto alla prassi vigente negli eserciti dell'epoca, dove il capitano, che di solito doveva essere un nobile, veniva scelto dai superiori.

Attorno alla spina dorsale della forza, costituita da 13 compagnie valdesi, vi erano sei compagnie di ugonotti, anche queste comandate da capitani, e una di volontari di varia provenienza, fra i quali militavano diversi svizzeri.

All'interno della spedizione, le principali decisioni strategiche venivano prese da un consiglio di guerra composto dai capitani delle compagnie. I comandi superiori, compreso il comandante supremo della spedizione, il capitano Turel, scelto in sostituzione del capitano Bourgeois (che aveva rinunciato all'incarico poco prima della partenza), erano composti in larga parte da militari ugonotti, tutti esperti di tattica militare.[84] Enrico Arnaud, uno dei tre pastori presenti (insieme a Jacob Montoux di Pragelato e Jacob Cyon del Delfinato) fu invece nominato secondo in comando.

Durante la marcia verso le valli, Turel si sarebbe dimostrato sempre pienamente all'altezza del suo compito, riuscendo ad esercitare un comando efficace e senza imposizioni, favorito in questo dalla struttura organizzativa della sua truppa.

Tra i 600 valdesi, i 300 ugonotti e gli altri protestanti membri della spedizione esistevano comunque notevoli differenze, sia di mentalità che di interessi, che spesso generavano in-

---

84   Un sostegno importante alla spedizione era arrivato dall'elettore del Brandeburgo Federico Guglielmo I e, dopo la sua morte avvenuta il 9 maggio 1688, dal figlio Federico III. Vedere il «Glorioso Ritorno», di Enea Balma, in AA.VV., I valdesi. Un'epopea protestante, Firenze, 1989. Pag.27. Allegato in Storia e Dossier, n. 31, luglio-agosto 1989. A sostegno di questa ipotesi vi è anche la descrizione ad opera di Enrico Arnaud sull'incontro con il tenente colonnello Parat, catturato durante l'azione del 2 maggio 1690, riportata nell' Historie de la Gloreuse Rentrée des Vaudois dans leurs Vallées. Durante l'incontro, Parat venne descritto come molto sorpreso di trovare nel forte diciannove o venti ufficiali decorati con galloni dorati o d'argento, che lo trattavano come militari e in modo umano, e nell'apprendere che i barbetti non erano delle canaglie, ma mercenari, ben pagati da un gran principe. Vedere Arnaud Henri, Historie de la Gloreuse Rentrée des Vaudois dans leurs Vallées, Ginevra, J-G. Fick, 1710. Pag. 266-267.

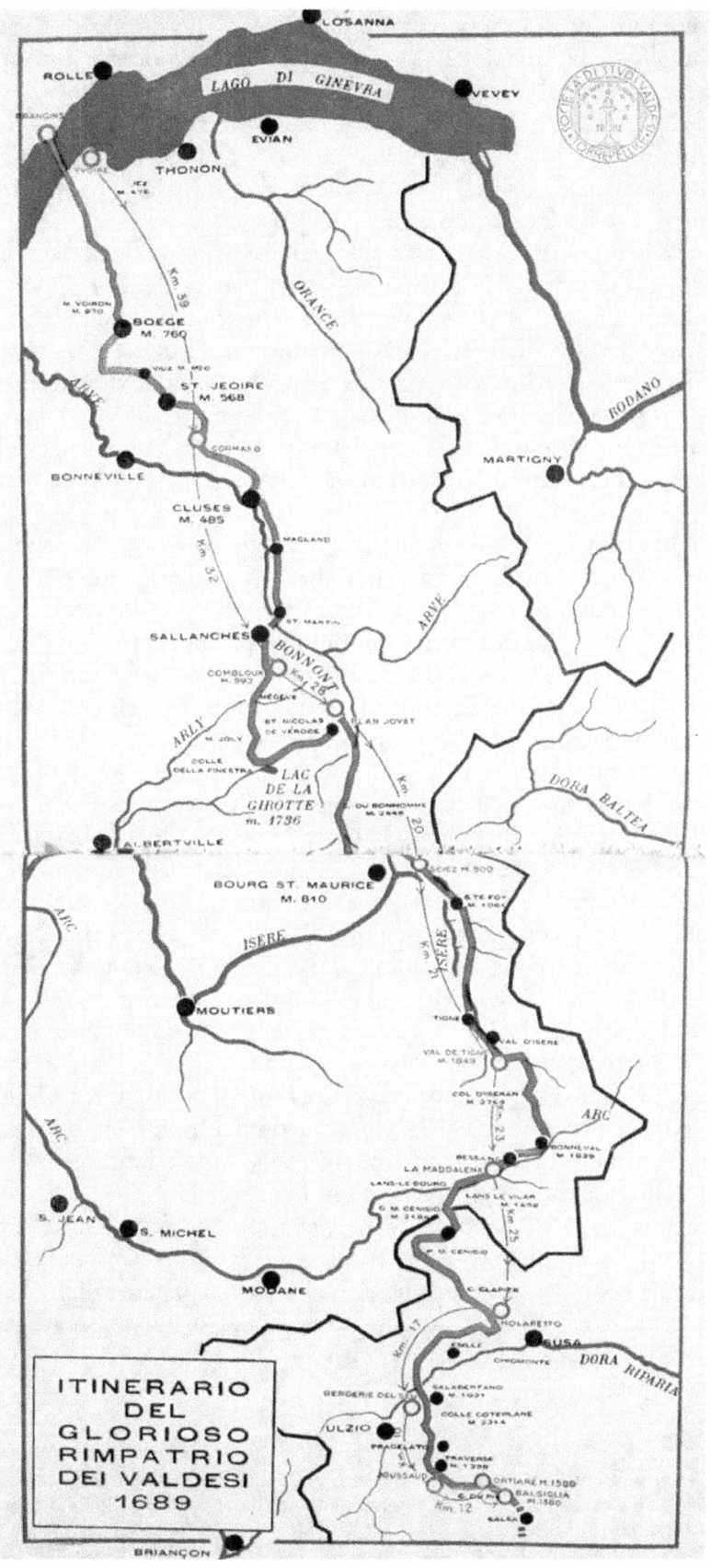

ITINERARIO
DEL
GLORIOSO
RIMPATRIO
DEI VALDESI
1689

comprensioni e complicavano i rapporti tra loro. Il consiglio di guerra riuscì però sempre a mantenere il controllo della situazione, non facendola mai degenerare in conflittualità aperta. La spedizione era sostenuta sia finanziariamente sia materialmente dai paesi protestanti del Nordeuropa. Addestrati da ufficiali protestanti, gli uomini erano stati provvisti di una uniforme, consistente in una marsina di feltro grigio chiaro e un berretto gallonato. Completavano le dotazioni individuali spade da fanteria, baionette, fucili a pietra focaia e munizioni, come un qualsiasi reparto regolare ben equipaggiato dell'epoca.[85]

Infatti, ai membri della spedizione erano stati forniti non solo soldi, armi ed equipaggiamento militare, ma anche l'addestramento necessario per riuscire nell'impresa, oltre ad un gruppo di consiglieri militari. Tra questi vi erano anche due ufficiali prussiani, che il 27 agosto 1689 accompagnarono i valdesi al di là del Lago Lemano, durante la prima tappa del "Glorioso Rimpatrio", provvedendo a ordinare i reparti, a disporli in ordine di marcia e rientrando successivamente in Svizzera per evitare complicazioni diplomatiche.

I membri della spedizione erano piuttosto giovani, in media 25 anni, e spesso legati da vincoli di parentela o legami di comunità. Molti avevano combattuto sotto i loro capitani durante il conflitto del 1686.

L'ordine di battaglia della spedizione era composto dalle seguenti compagnie: tre compagnie Angrogna (capitani Laurent Buffa, Etienne Frasche, Michel Bertin); due compagnie Giovanni (capitani Bellion e Besson); una compagnia Torre (capitano Jean Frache); una compagnia Villar (capitano Paul Pellenc); due compagnie Bobbio (capitani Martinat e Mondon); una compagnia Prarostino (capitano Daniel Odin); una compagnia S. Germano e Pramollo (capitano Robert); una compagnia Massello (capitano Filippo Tronc Poulat); una compagnia Prali (capitano Peyrot); sei compagnie estere (capitani Martin, Privat, Lucas, Turel, Fonfréde e Chien); e una compagnia volontari.[86]

Molti ufficiali e soldati avevano già avuto esperienze di guerra. I capitani Pellenc e Mondon, ad esempio, avevano partecipato con lo stesso grado nelle milizie sabaude contro i rivoltosi di Mondovì, nel 1681. Una parte dei valdesi aveva partecipato alla sfortunata difesa delle valli del 1686. Paul Pellenc, dopo l'esilio del 1686, aveva fatto parte dell'esercito del Brandeburgo. Altri ufficiali valdesi avevano militato per i prussiani, come ad esempio Jean Imbert e David Miquelot Prin Prinot, che sarebbe caduto in combattimento il 22 marzo 1690.

Anche il gruppo degli ufficiali, costituito da ugonotti francesi e valdesi del Piemonte, era di fatto diviso in due distinte fazioni non amalgamate tra loro. Parlavano la stessa lingua, il dialetto delfinale, e professavano la medesima religione riformata, ma ciò che li distanziava erano gli obiettivi. Se infatti, per i valdesi la spedizione rappresentava un momento sacro di liberazione dei propri territori di origine, per gli ugonotti francesi la sensazione era quella di andare a liberare la terra di qualcun altro, mentre sentivano allontanarsi la possibilità di un ritorno nella loro patria, a causa delle repressioni in atto nel loro paese.

Anche tra Tourel e Arnoud vi erano differenze, che sarebbero cresciute fino a diventare incolmabili, al punto che nell'ottobre 1689 Turel avrebbe disertato, portandosi via parte del contenuto della cassa comune. La defezione di Turel, però, anziché minare l'unità del corpo di spedizione valdese, l'avrebbe compattata ulteriormente attorno alla figura di Arnaud, che da quel momento sarebbe assurto a leader indiscusso.

---

85   L'aspetto e l'armamento dei valdesi al momento della loro partenza da Ginevra sono stati raffigurati da Jan Luyken nel 1700, in un'illustrazione di accompagnamento delle pagine dell'Historiche Kronyck, opera pubblicata in tre volumi dal 1698 al 1700.

86   Cerino-Badone Giovanni, Il piccolo grande gioco: i valdesi alla Basiglia. Op. Cit._pp._145-172

4.4.2 Le operazioni

Una volta sbarcato vicino al villaggio savoiardo di Yvoire, l'esercito valdese si mosse subito verso sud, marciando secondo le classiche prescrizioni militari del tempo: davanti a tutti procedevano gli esploratori, poi seguiva l'avanguardia, dietro la quale era posizionato il corpo principale. Alla retroguardia, che chiudeva la colonna, spettava invece il compito di proteggere le spalle al corpo principale. Il piano era quello di muoversi più velocemente possibile verso le valli valdesi, prima che i sabaudi e i francesi avessero il tempo di organizzarsi.

Ricevuto l'allarme dagli abitanti di Yvoire, i nobili della regione, raccolta ed armata una milizia di poche decine di servi e contadini, si portarono lungo la strada della colonna valdese con l'intenzione di sbarrale il passo. Sulle alture del colle di Saxel, tra il Chiablèse e il Faucigny, avvenne così un breve scambio di colpi d'arma da fuoco, seguito da una trattativa. Dato che i valdesi chiedevano solo il passaggio nel territorio e constatata la sproporzione di forze in loro sfavore, i miliziani finirono per cedere loro il passo, permettendo loro di allontanarsi.

Episodi simili si sarebbero ripetuti diverse volte durante tutta la marcia. Lasciato il colle, la spedizione percorse circa 40 chilometri prima di fermarsi in piena notte a Cormand, in una posizione strategicamente vantaggiosa, dove poté riposare alcune ore.

Consapevole dell'importanza di mantenere un'elevata velocità di movimento, all'alba del giorno successivo, la spedizione ripartì alla volta delle alture di Giffre. Da lì la forza valdese puntò verso la pianura dell'Arve per raggiungere la via più breve verso sud. Intanto era iniziato a piovere: il maltempo li avrebbe accompagnati per tutta la durata della loro marcia.

Giunti al punto di attraversamento del torrente Cluses, i membri della spedizione si trovarono di fronte un ponte barricato, difeso da una popolazione intenzionata a non cedere.

Contemporaneamente, Turel venne informato dalla retroguardia della presenza, alle loro spalle, di truppe in avvicinamento. Un assalto frontale al ponte venne subito escluso, in quanto avrebbe comportato perdite eccessive. Tuttavia, si stimò che operare una deviazione attraverso le alture avrebbe fatto perdere ai valdesi tempo prezioso, rischiando di far sfumare l'effetto sorpresa su cui contavano.

Si decise così di optare per il dialogo, favorito da diversi ostaggi, catturati durante la marcia di avvicinamento, che i valdesi portavano con sé. Tra questi vi erano un monaco di Les Voironse e alcuni nobili di Massongy. La mossa si rivelò giusta, poiché grazie all'intervento di questi, gli abitanti vennero convinti a cedere loro il passo, evitando uno spargimento di sangue. I valdesi poterono così attraversare il ponte incolonnati per due e sfilare incolumi con le loro armi tra due ali di cittadini in armi.

Lasciato il Cluses, la spedizione iniziò a percorrere a marce forzate la piana di Sallanches. L'itinerario era stato evidentemente studiato accuratamente, scegliendo zone quasi sguarnite di truppe, dove era impossibile in breve tempo organizzare difese efficaci. Il buono stato fisico dei membri della spedizione permetteva ai comandanti di imporre ritmi di marcia impressionanti. Non appena le autorità locali li avvistavano, questi erano già passati oltre.

L'attraversamento venne favorito dal fatto che nell'estate del 1689 le truppe che presidiavano il Chiablese erano state dislocate momentaneamente nel Monregalese, per sedare la rivolta di Mondovì. Inoltre, in quel momento il ducato di Savoia disponeva di poche truppe regolari, essendo tre reggimenti recentemente passati al servizio del re di Francia. La regione rimaneva così difesa solo dalle milizie paesane, prive di armi, di munizioni e di addestramento adeguati. Un elemento importante di successo della spedizione consistette nel rapporto instaurato con la popolazione locale. Anziché farsi accompagnare da una scia di saccheggi e violenze, come era consuetudine per le soldataglie di quel periodo, i valdesi non esercitavano alcuna violenza e pagavano regolarmente i viveri requisiti, in modo da non essere preceduti da una fama sinistra.

Dopo alcune ore di marcia, la spedizione arrivò nella valle dell'Arve. Come già avvenuto a Cluses, giunti vicino a Sallances ai valdesi si parò davanti un secondo ponte barricato, difeso questa volta dalla popolazione del villaggio di Saint Martin. Anche qui si aprì una trattativa e questa volta a far da mediatori furono due frati cappuccini, presi in precedenza come ostaggi. Il loro intervento risultò così efficace che, ancora una volta, il ponte venne sgombrato e la truppa passò.

Oltrepassata Sallanches, seguiti a distanza da forze sabaude in armi che si andavano ingrossando, i valdesi, dopo aver percorso durante la giornata una trentina di chilometri, inzuppati dalla pioggia che non aveva cessato di cadere durante l'intera giornata, puntarono in direzione di Mégève, per accamparsi sulle alture di Combloux, momentaneamente al sicuro.

Questa mossa, che rappresentava una deviazione ad est, rispetto al percorso più logico che passava attraverso la valle di Montjoie, il colle di Bonhomme e la Tarantasia, ebbe l'effetto di scompaginare il piano di difesa che il ducato stava precipitosamente approntando per fermare la loro avanzata, e contribuì a favorire il successo della loro impresa.

Il giorno seguente, lunedì 29, il gruppo marciò sotto una pioggia costante, mista a neve, attraverso il col de Very, oltre i 2.000 metri, per giungere a notte fonda negli alpeggi dell'alta val Montjoie, sotto il Col du Bonhomme.

Il Col du Bonhomme, situato in posizione strategica, era stato fortificato e guarnito da un presidio che, per quanto ridotto numericamente, sarebbe stato in condizione di impedire l'accesso al fondovalle. L'avanguardia si avvicinò con estrema cautela, rassegnata a uno scontro che si prevedeva difficile, ma una volta giunta sull'obiettivo lo trovò deserto.

Dal 30 agosto all'1 settembre, la marcia proseguì senza avvenimenti di rilievo. La spedizione attraversò la valle dell'Isère, valicando il colle dell'Iseran, il più alto di tutto il percorso, con i suoi 2.720 metri, con tappe di 25-30 chilometri al giorno, senza incontrare altre difficoltà a parte quelle dovute all'asprità del terreno.

Mentre avanzavano, i valdesi sapevano che d'ora in avanti ogni colle, ogni gola, ogni ponte poteva costituire un potenziale pericolo, per il fatto che non si poteva prevedere se e in quale misura sarebbero stati difesi dalla popolazione locale o dalle truppe d'ordinanza inviate dal governo sabaudo. In realtà tutto procedette quasi senza intoppi perché la fama che li precedeva di borgo in borgo spianava loro il cammino. Solo a Bessans, all'ostilità della popolazione i valdesi dovettero reagire con durezza.

Il 2 settembre il gruppo raggiunse il Moncenisio e da lì iniziò l'attraversamento delle Alpi. La situazione diveniva adesso complicata, non solo perché il terreno risultava estremamente difficile, ma anche perché la spedizione avrebbe dovuto attraversare i territori francesi del Delfinato, la valle della Dora (val di Susa) e del Chisone, per poi penetrare in Piemonte, nel territorio del Ducato di Savoia.

Nella val di Susa e nella val Chisone i francesi avevano concentrano una notevole quantità di truppe e avevano una base strategica a Exilles, il forte che controllava la val di Susa. I Piemontesi, invece, per controbilanciare i francesi, mantenevano anch'essi forti distaccamenti nella zona.

Al Moncenisio gli esploratori valdesi avevano provveduto a bloccare i corrieri per impedire la diffusione della notizia del loro arrivo. Sempre per non allarmare i francesi, anziché scendere a valle e marciare verso Susa, preferirono puntare verso il Piccolo Moncenisio, dove eliminarono un piccolo presidio francese, che oppose scarsa resistenza. Sotto un tempo inclemente, scavalcato il colle Clapier, discesero quindi la val Clarea, accampandosi nel villaggio di San Giacomo.

Il 3 settembre 1689 fu per i valdesi un giorno decisivo. La spedizione iniziò la giornata cercando un passaggio che le permettesse di aggirare il forte di Exilles. Puntando sulla rapidità di movimento, i valdesi discesero nella nebbia dal colle Clapier, percorrendo la val Clarea in direzione di Giaglione, con l'obiettivo di attraversare il fiume Dora a Chiomonte e da lì risalire la sua sponda destra fino al colle dell'Assietta o quello delle Finestre, ingannando la sorveglianza nemica, per poi marciare attraverso la val Pragelato e passare nella val Chisone. Ma le cose, questa volta, andarono meno bene del previsto, quando alle prime luci del giorno l'avanguardia, comandata dal capitano Paul Pellenc, forte di 100 uomini, giunse alle Grange (gole) di San Giacomo, un passaggio obbligato per raggiungere la val di Susa. Qui venne sorpresa da 250 dragoni sabaudi appartenenti al reggimento dragoni di SAR, rinforzati da elementi della milizia locale.

La notizia del loro attraversamento del Moncenisio si era ormai evidentemente diffusa. Accompagnato da una scorta e da due prelati suoi ostaggi, Pelenc si avvicinò ai ducali per parlamentare. I due religiosi, appena avvicinatisi ai soldati ducali, si lanciarono però verso di loro, esortandoli a catturare il capitano che era nelle immediate vicinanze. Pellenc venne quindi immediatamente immobilizzato,[87] mentre il resto della truppa iniziò a bersagliare i valdesi con un preciso fuoco di fucileria, accompagnato dal tiro di granate a mano e dal lancio di pietre. Il resto dell'avanguardia valdese si gettò al riparo dietro alcuni massi e dentro un vicino bosco di castagni.

Il combattimento si frammentò quasi immediatamente dal momento che i valdesi, privi del loro comandante, tentarono di sganciarsi e, risalendo il vallone di Tiraculo, di guadagnare le alture di Thuile, al di là del confine. In questa fase, i ducali riuscirono a catturare 30 o 40 valdesi, tra i quali i due chirurghi della spedizione, inizialmente sfuggiti, e trovati in un anfratto roccioso quattro giorni più tardi da un gruppo di contadini.

Fucilone o spingarda da posizione con meccanismo a pietra focaia. L'arma è tradizionalmente nota come la "colubrina del Capitano Bonjour". Probabilmente si riferisce a Jean Bonjour, un partecipante della spedizione del Glorioso Rimpatrio, fatto prigioniero nell'autunno 1689[88]. Museo valdese di Torre Pellice.

I prigionieri, afferrati per i capelli e malmenati, furono perquisiti. Nelle tasche di Pellenc furono trovati documenti giudicati interessanti, al punto che il comandante del distaccamento sabaudo li inviò immediatamente al marchese di Parella, incaricato dal duca di presidiare le valli valdesi e il confine con la Francia. Altri documenti simili sarebbero stati ritrovati addosso ai prigionieri valdesi caduti in mano francese. Ma il Parella sapeva già dove i valdesi erano diretti e, infatti, aveva stabilito il suo comando a Perrero, il principale centro abitato della val

---

87   Paul Pellenc, che aveva la particolarità di avere capelli neri e una barba castana, diede inizialmente un falso nome (quello di Paul Charbonnier). Essendo però considerato uno dei personaggi più pericolosi tra i valdesi in esilio, di lui circolava una descrizione fisica, specie tra le spie e i sicari ducali e francesi. Venne quindi riconosciuto e sottoposto ad un nuovo interrogatorio e, forse sotto tortura, rivelò tutti i piani generali del Glorioso Rimpatrio.

88   Hugon Augusto Armand, Rivoire Enrico Alberto, Gli esuli valdesi in Svizzera, 1686-1690, Collana della Società di Studi Valdesi n.7, Torre Pellice, Società di Studi Valdesi, 1974. Pag 28. Disponibile online al seguente indirizzo web: http://www.studivaldesi.org/pdf/gli-esuli-valdesi-in-svizzera-1686-1690.pdf

San Martino, a controllo dei passi del Las Arà, dell'Albergian e del Pis.[89]

Fallito l'effetto sorpresa, i valdesi puntarono verso sud-ovest, lasciandosi il forte di Exilles sulla sinistra. Giunta la sera, ridotti ad una massa esausta ed affamata, si imbatterono in Salbertrand, un villaggio lungo la Dora, a poco più di un'ora di marcia dal forte. Il torrente era ingrossato a causa delle piogge, ma si poteva attraversare grazie a un ponte.

Tuttavia, vicino al ponte, sulla riva opposta, i valdesi notarono dei fuochi, cosa che stava ad indicare che il passaggio era sicuramente custodito. Il ponte costituiva, infatti, l'unico accesso ai monti che danno su Pragelato ed era presidiato dal Marchese di Larray, responsabile militare del Delfinato, con un cospicuo distaccamento di truppe francesi al seguito. Con alle spalle i dragoni sabaudi e davanti i francesi, la spedizione correva, adesso, il rischio di rimanere chiusa tra due fuochi.

I valdesi non riuscirono neppure a fare in tempo ad organizzarsi che già i francesi si erano lanciati all'attacco. A questo punto, rompendo ogni indugio, alle 22.00, Turel fece avanzare i suoi uomini frontalmente contro il ponte, con l'obiettivo di spezzare la linea francese. Lo scontro che ne seguì fu breve ma estremamente cruento, perché i francesi, schierati proprio davanti al ponte, sulla riva sinistra della Dora, aprirono un intenso fuoco di fucileria contro la massa degli attaccanti, sbarrando loro la strada.

Tuttavia, il fuoco dei francesi non smorzò l'impeto dei valdesi, i quali, dopo essere stati respinti un paio di volte, riuscirono a giungere a contatto dei francesi, sfondandone le linee a colpi di spada, mentre la retroguardia valdese, che nel frattempo aveva operato una manovra di aggiramento intorno allo schieramento francese, attaccava da tergo.

Pressati frontalmente e alle spalle dai valdesi, i francesi cedettero di schianto. Attraversato il ponte e travolta ogni resistenza organizzata, i valdesi si lanciarono quindi verso l'accampamento francese, distruggendo materiale, massacrando a sciabolate i difensori, obbligando lo stesso marchese di Larray e i sopravvissuti ad una precipitosa fuga verso Briançon. Al termine del combattimento i valdesi contarono 22 morti e 8 feriti tra le loro file, mentre i nemici avevano lasciato sul terreno centinaia di morti e feriti (300 caduti, secondo Vismara).[90]

Terminato il combattimento, i valdesi poterono recuperare grandi quantità di armi, munizioni, polveri ed equipaggiamenti, abbandonati sul campo dai francesi, dando alle fiamme tutto quanto non serviva loro, compreso il ponte, per ostacolare eventuali inseguitori.

Ormai estremamente vicini al forte di Exilles, per evitare il rischio di trovarsi addosso un nuovo contingente di soccorso inviato dal forte, i valdesi si rimisero subito in marcia attraveso i boschi, inerpicandosi sui fianchi ripidi del monte Genvris che conduceva al colle di Costa Piana.

Per tutta la notte, durante la faticosa salita nei boschi verso la cima del colle, i valdesi fecero squillare le trombe, cercando di indicare ai dispersi la posizione della colonna. A Costa Piana arrivarono verso l'alba. A pochi chilometri di distanza potevano già vedere le cime dei monti delle loro valli natie: fu un momento di grande emozione per molti dei partecipanti alla spedizione, che scoppiarono in grida e pianti.

Se i momenti peggiori della marcia potevano ormai dirsi superati, la meta non era però ancora raggiunta, poiché occorreva ancora attraversare la val Pragelato.

Sebbene i valdesi non disponessero di informazioni al riguardo, presumettero che le forze in quell'area dovevano essere poco consistenti, anche perché i rinforzi francesi dalle fortezze di

---

89   Quelle nelle mani del marchese di Parella erano le istruzioni di Giosué Janavel, redatte nel 1688 a Ginevra. Pellenc fu fortunato a cadere prigioniero dei sabaudi. Se si fosse trattato di dragoni francesi l'avrebbero subito passato per le armi. Nelle mani del duca risultava, almeno per il momento, un prigioniero troppo prezioso per essere consegnato ai francesi o ucciso. Con la sua uniforme, analoga a quella indossata da tutti i partecipanti alla spedizione, fu quindi portato a Susa per l'interrogatorio.

90   Antonio Vismara, Storia della Dinastia Savoia, Milano, G. Bestetti, 1872. Pag. 288.

Pinerolo o Briançon non avevano certamente avuto ancora modo di raggiungerla.

Inoltre, i valdesi sapevano che a Pragelato avrebbero potuto contare sull'appoggio della popolazione locale, poiché molti pragelatesi erano valdesi o ugonotti, spesso cattolicizzati per convenienza, e parenti di membri della spedizione.

Come già in Savoia, il balivo della valle, Bertrand, cattolico fanatico, aveva mobilitato le milizie paesane, senza riuscire però ad impedire che, colti dall'entusiasmo per la causa valdese, molti giovani del villaggio si aggregassero alla spedizione.

Attraversata la valle e risalito il vallone laterale della val Troncea, i valdesi si accamparono a Joussaud, lasciando sotto di loro, nel fondovalle, le truppe francesi sopraggiunte dal colle di Sestrières e in alto, sul col del Pis, le fortificazioni sabaude.

Il col del Pis era un passaggio obbligato per l'accesso alla val Pragelato. Il giorno seguente, il 5 settembre, i valdesi attaccarono quindi proprio questa posizione.

Il forte, presidiato da poche decine di guardie assegnate dal conte di Marolles, dopo un breve scambio di colpi, venne subito abbandonato. Questo successo permise ai valdesi di aggirare a est il grosso delle truppe del marchese di Parella, che invano erano in attesa di un loro attacco sullo spartiacque tra la Dora e il Chisone. Le forze sabaude faticavano a capire le mosse dei valdesi perché questi non avanzano in una colonna ordinata e compatta, ma con diramazioni ai lati che non permettevano al nemico di avere un quadro chiaro della situazione.

Oltre che disorientate, le forze sabaude erano probabilmente anche frenate nel loro agire dal timore concreto di trovarsi nel mezzo di un sollevamento generale delle vallate di Pagelato e del Chisone, che avrebbe rischiato di causare un intervento militare francese dalle conseguenze imprevedibili. Di questi rischi, i comandi dell'esercito sabaudo erano sicuramente ben consapevoli.

Non bisogna dimenticare, infatti, che il ducato di Savoia stava giocando una partita molto pericolosa, cercando ancora di mantenere un delicato equilibrio diplomatico tra la le due parti in conflitto nella guerra della Grande Alleanza, in attesa di capire da quale parte stare.

Molti paesi della Grande Alleanza erano protestanti e una nuova violenta repressione dei valdesi avrebbe solo creato tensioni non necessarie, dal momento che Vittorio Amedeo II stava probabilmente già lavorando in gran segreto ad uno strappo con la Francia, che l'anno successivo lo avrebbe fatto entrare nella Grande Alleanza antifrancese.

E in questo scenario, i valdesi avrebbero persino potuto tornare utili al ducato, come suoi potenziali alleati, in funzione antifrancese. Se non forzato dalle circostanze, in questo momento, contro i valdesi il duca Vittorio Amedeo II non avrebbe voluto veramente calcare la mano.

E' in questo quadro che, del tutto inconsapevolmente, si muoveva la spedizione valdese. I membri della spedizione, oltre alle spinte ideali e alla ferma convinzione di lottare per una giusta causa, per la quale erano pronti se necessario anche a morire, avevano dalla loro parte la conoscenza dei luoghi, la rapidità di movimento, l'appoggio dei correligionari cattolicizzati per convenienza, loro parenti rimasti in quelle terre. Nei giorni successivi, senza incontrare resistenza, la spedizione procedette così all'occupazione della parte alta della val San Martino, mentre le truppe del Parella si attestavano sulla dorsale tra la val San Martino e la val Perosa e il conte di Marolles ripiegava, con i suoi uomini, più a sud, sul col Giulian, valico di collegamento tra la val Pellice e la val San Martino, a presidio di Prali e della val Pellice.

Intanto, la notizia del loro arrivo diffondeva il panico fra i coloni piemontesi, ormai da un paio d'anni stanziati in quei luoghi, costretti a fuggire verso Perrero, portando con loro la notizia della ricomparsa dei valdesi nella val di San Martino, ritornati per riprendersi le loro terre. Rientrati nelle valli, i valdesi cambiarono subito tattica militare. Pur mantenendo l'atteggiamento adottato fino a quel momento di ordine e di rispetto per le cose, evitando saccheggi e incendi, il rapporto con le persone presenti divenne invece molto diverso.

Attacco valdese al convento di Villar Pellice. Incisione svizzera del 1850

Sul piano del Pis i soldati sabaudi catturati vennero tutti trucidati; al villaggio della Balsiglia, un gruppo di miliziani smarriti ed incautamente avvicinatisi, credendo di essere ancora nelle proprie linee, vennero catturati e passati per le armi, e così pure due sfortunati contadini che salivano agli alpeggi. Il consiglio di guerra, a cui spettava sempre il compito di emanare le sentenze capitali, avrebbe giustificato queste esecuzioni ricorrendo a due motivazioni: l'impossibilità di trasferire i prigionieri in luoghi di detenzione e la necessità di mantenere nella massima segretezza sia gli itinerari della spedizione sia la sua entità.

Questo si evince chiaramente anche dalla relazione del capitano Daniel Robert, comandante della compagnia di San Germano e Pramollo, il quale in seguito dichiarò: *"Potrebbe sembrare a questo punto che ci comportassimo troppo duramente con i nostri nemici, ma bisogna considerare che non avevamo alcun luogo in cui rinchiudere eventuali prigionieri, e che quanti ne avessimo lasciati scappare, altrettanti avrebbero contribuito alla nostra rovina in due modi: con le loro armi e con le informazioni che avrebbero potuto dare sulle nostre forze che erano ignote e stimate più numerose del vero."*[91] Questo comportamento creava infatti un effetto psicologico sulla popolazione locale e sui soldati sabaudi, sia che fossero essi isolati nei loro posti di guardia sui monti o barricati nei villaggi, per i quali restavano così misteriosi sia gli effettivi della spedizione, che venivano così ingigantiti, sia le sue reali intenzioni.

Occupata l'alta val San Martino, i valdesi si mossero in direzione di Prali, con l'intenzione di raggiungere la val Pellice dall'alto, scavalcando il col Giulian. Qui trovarono nel vallone case con i viveri abbandonati dai coloni cattolici, fuggiti insieme al Marolles, probabilmente con

---

91   Tourn Giorgio, Gli itinerari della cultura: Le strade valdesi "il Glorioso rimpatrio", Torre Pellice, GAL Escartons e Valli Valdesi. Pag. 14. Disponibile online al seguente indirizzo web: http://www.lestradedeivaldesi.it/images/stories/glorioso_rimpatrio.pdf

l'intenzione di farvi presto ritorno. Le truppe valdesi poterono così rifocillarsi e riposarsi un paio di giorni, prima di scendere in val Pellice e attaccare Bobbio.

Bobbio era presidiato da truppe sabaude e abitato, ma venne rapidamente evacuato dei suoi abitanti al profilarsi dell'attacco valdese. I valdesi lo accerchiarono divisi in due colonne, una proveniente da valle e l'altra da mezza costa e, dopo un breve scontro, costrinsero i difensori ad abbandonarlo. Anziché inseguire il nemico in fuga, però, i valdesi interruppero l'azione e si lasciarono andare al saccheggio dell'abitato.

Quello di Bobbio fu un episodio che, per quanto in altri eserciti sarebbe stato all'epoca considerato normale, Arnaud nella sua *Historie* non mancherà di biasimare, perché significava per i combattenti valdesi una caduta della tensione ideale e morale che li aveva accompagnati fino a quel momento. Lasciare che la cupidigia prendesse il controllo della loro impresa avrebbe significato non solo perdere il controllo delle truppe, ma anche il senso dell'intera impresa. Significava trasformare un esercito di puri in un esercito di mercenari qualsiasi, in un'accozzaglia di banditi. L'11 settembre, a Sibaud, sulle alture di Bobbio, Giacobbe Moutoux, uno dei ministri valdesi al seguito della spedizione, durante una funzione religiosa fece giurare loro solennemente che non avrebbero mai più tenuto un comportamento del genere. La pratica di spogliare i morti, i feriti e i prigionieri dei loro averi, venne quindi vietata, fatta eccezione per coloro assegnati a questo specifico compito.

Il 12 settembre, partiti da Bobbio, i valdesi attaccarono anche Villar. Essendo ubicata a metà strada tra Bobbio e Torre, l'abitato aveva un valore simbolico molto forte per i valdesi. Addossato a una montagna, il borgo venne investito anche questa volta da due colonne. I valdesi procedettero dal basso, spingendo tini e botti pieni di terra per fermare i proiettili, e avanzarono dai tetti. Si accese, così, un combattimento casa per casa, nel quale i soldati ducali, avendo avuto la peggio, furono costretti a ritirarsi nel convento del paese, confidando nella protezione offerta dalle sue solide mura. L'attacco si protrasse per due intere giornate, con ripetuti assalti e uscite disperate dei difensori. Tuttavia, i valdesi - privi di artiglieria - furono questa volta costretti a ritirarsi, subendo alcune perdite.

Dopo lo scontro di Villar era necessario che i valdesi si procurassero cibo, armi e munizioni, per reintegrare quanto consumato durante i combattimenti. Fu a questo punto che i valdesi decisero di abbandonare la strategia della classica campagna militare vera e propria, per adottare le tattiche più snelle e flessibili della guerriglia.

Con l'autunno ormai alle porte, i valdesi si divisero quindi in gruppi autonomi e utilizzarono come basi operative la Grande Guglia, un picco di difficile accesso, a ridosso di Bobbio, sullo sperone roccioso del Cruel, che permetteva il controllo della valle fino a Luserna, e il Vallone di Rodoretto, in fondo alla valle di San Martino, confinante con la val Pragelato, da cui venivano i rifornimenti di viveri e di armi che i correligionari (i «falsi convertiti» come usavano dire le autorità francesi) facevano giungere in segreto dalla Francia.

Le truppe sabaude, da parte loro, si limitarono a costituire nel fondovalle una catena di presidi che, da Perrero, attraverso San Secondo, raggiungeva il forte di Mirabouc nell'alta val Pellice, chiudendo le posizioni valdesi in un cerchio di stretto controllo. Inoltre, sia pure con lentezza e prudenza, all'inizio dell'autunno i ducali ripresero, con un attacco a sorpresa, il controllo di Bobbio. L'obiettivo era chiaro: chiudere la resistenza valdese sui monti desolati, per costringerla alla fame e agli stenti, senza impegnarsi in eccessive e dispendiose operazioni militari.

Ad allentare la pressione sabauda contribuì in modo non irrilevante la spedizione del capitano Bourgeois. Il 22 settembre questo ufficiale ugonotto (che avrebbe dovuto, come si è visto, originariamente guidare la spedizione del Grande Rimpatrio, ma che poi aveva all'ultimo minuto rinunciato) sbarcò sulla riva savoiarda del Lemano con un esercito di parecchie centinaia di uomini per raggiungere le valli.

Anche se questa seconda spedizione ripiegò, dopo alcuni giorni di marcia, nuovamente su Ginevra, disintegrandosi,[92] mise in agitazione l'intera Savoia e il Delfinato, dal Chiablese a Barcelonnette, contribuendo a mantenere vivo l'incubo dell'invasione protestante della Savoia e del conseguente sollevamento del Delfinato ugonotto.

Da parte valdese, nelle settimane successive alla riconquista sabauda di Bobbio, la resistenza si riorganizzò, migliorando le proprie posizioni, sia dal punto di vista logistico che da quello dell'approvvigionamento, requisendo bestiame oltre frontiera, in Queyras, taglieggiando la popolazione del fondovalle e facendo arrivare cibo e munizioni dal Delfinato. I valdesi furono così in grado di portare a termine la loro azione al Villar, demolendo gli edifici della chiesa e della missione, e di spingersi nella valle di Angrogna e a San Germano, in val Chisone.

Nonostante questo, la situazione delle bande valdesi si fece man mano sempre più difficile, sia per l'assottigliarsi delle loro fila, a causa delle perdite causate dalle azioni di guerriglia, sia per la defezione di Turel, che lasciò le valli con un contingente di ugonotti e parte della cassa comune.

Fino all'attacco di Villar, gli ugonotti francesi avevano fornito buona parte degli ufficiali della spedizione ed avevano condotto le operazioni in modo efficiente e professionale. Tuttavia, una volta che la spedizione era stata frantumata in un complesso di bande autonome dedite alla guerriglia, era divenuto evidente che le tecniche militari classiche, in cui gli ugonotti erano specialisti, risultavano meno importanti.

Inoltre, una differenza fondamentale distanziava i valdesi dagli ugonotti del Delfinato e della Provenza. Se per i primi, infatti, una volta raggiunta la propria terra, era divenuto naturale radicarvisi nuovamente, per i secondi le cose stavano diversamente.

Non conosciamo con precisione i sogni che animavano gli ugonotti che combatterono al fianco dei valdesi: forse avevano sperato di riprendere il cammino per tornare nei propri paesi d'origine (in fondo, proprio nel Delfinato verrà catturato Turel, insieme ai suoi compagni) oppure di allargare, come preconizzava Guglielmo III d'Orange, il fronte riformato, magari tentando di riconquistare il sud della Francia alla causa protestante. Del resto, non sarebbe stato proprio questo quello che avrebbero tentato di fare i camisardi dello Cévennes e del Vaunage, solo pochi anni dopo, durante la guerra di secessione spagnola?

La cattura di Turel a Embrun poco dopo e la sua condanna al supplizio della ruota,[93] mostrarono, però, quanto fosse irrealizzabile il sogno di un allargamento del fronte militare alle terre ugonotte di Francia e, d'altra parte, quanto fosse difficile uscire indenni dalla trappola in cui si erano ormai condannati a sopravvivere o morire gli stessi valdesi.

Le differenze tra valdesi e ugonotti avevano quindi, con ogni probabilità, generato una conflittualità che si era estrinsecata in posizioni inconciliabili sulla conduzione della guerra, la quale aveva finito per portare i due gruppi alla separazione.

Dopo la dipartita di Turel, Enrico Arnaud rimase il più autorevole dei comandanti superstiti. In tale ruolo, il pastore valdese cercò di mantenere unito il gruppo, percorrendo instancabilmente le Valli, organizzando e risolvendo con la sua autorità eventuali conflitti, e soprattutto predicando l'unità e la fiducia in Dio, ridando così animo ai membri della spedizione.

In novembre, il marchese di Parella, in accordo con i francesi, ideò un piano di attacco. Con un'azione concertata, i francesi avrebbero dovuto penetrare nella zona valdese dai territori del Delfinato, varcando i colli della Croce, Malaura, d'Abries, del Pis e Clapier. Contemporaneamente, l'esercito sabaudo avrebbe dovuto risalire dalla val Pellice e dalla val d'Angrogna,

---

92   Una volta fatto ritorno in Svizzera, il capitano Bourgeois venne posto agli arresti. In seguito, processato dalle autorità bernesi, finì decapitato a Nyon.

93   il capitano Turel agonizzò a lungo sulla piazza di Grenoble circondato dalle forche dove pendevano i suoi compagni di sventura.

cercando di bloccare ogni tentativo di fuga dei valdesi. Il piano portò all'occupazione da parte francese della valle di San Martino, mentre le truppe del Parella riuscirono a conquistare senza combattere la base della Grande Guglia, caposaldo del sistema difensivo valdese in val Pellice. Nonostante questi successi, l'azione riuscì però solo parzialmente, perché le bande valdesi riuscirono a sfuggire indenni.

La caduta della Grande Guglia rappresentò una importante sconfitta per i valdesi, poiché con essa persero grandi quantità di materiali e viveri. Alla Grande Guglia, inoltre, I soldati sabaudi rinvennero il diario di uno dei membri della spedizione nel quale si indicava che nelle ultime settimane di ottobre le bande della val San Martino si erano ritirate alla Balsiglia, in fondo al vallone di Massello. Sarebbe stato dunque quello il luogo dove si sarebbe giocata la prossima partita tra valdesi e franco-sabaudi.

In vista dell'inverno, Arnaud, aveva infatti scelto di stabilire il suo quartier generale sul Castello, l'ultima delle balze di una cresta rocciosa detta dei Quattro Denti, a oltre 1.500 metri di quota. Il Castello offriva ai valdesi una posizione estremamente vantaggiosa. La balza poggiava su una rupe di 40 metri che dominava la confluenza del torrente Ghinivert con il Germanasca. Era quindi un luogo ideale dove concentrare uomini e salmerie, pianificare le azioni di disturbo, e mantenere i contatti con il mondo esterno, attraverso i passi del Pis, Beth, Clapier e dell'Albergian.

Trascorsero alcuni giorni prima che i francesi concentrassero intorno a questo rifugio le loro truppe per impossessarsene. In questi giorni i valdesi scavarono trincee, apprestarono difese e raccolsero le proprie forze (che ammontavano ormai a solo 370 uomini).

La balza venne orlata con un trinceramento in parte scavato e in parte costruito con un muro di pietre a secco, alto fino a circa due metri e dotato di feritoie. che, seguendo il ciglio tattico, ne guardava i fianchi e ne sbarrava gli accessi da est. Le postazioni di tiro, così protette, sebbene dominate dalle montagne circostanti, risultavano in grado di vanificare qualsiasi tiro di fucileria.

All'interno del perimetro del trinceramento vennero scavate sedici ridotte, tutte in forma di mezzaluna e disposte a gradinata, in modo che le superiori dominassero quelle sottostanti e che fosse possibile, attraverso cunicoli e camminamenti coperti, passare dall'una all'altra protetti e senza essere visti dal di fuori.[94]

Sempre all'interno del trinceramento vennero costruiti un'ottantina di ricoveri della capacità di 5-6 uomini ognuno, inizialmente, consistenti in semplici nicchie scavate nelle viscere della montagna e ricoperte con frasche intrecciate. In seguito, le pareti vennero rivestite di assi o di graticci ed i tetti formati con tavole, paglia o zolle di terra. Col passare dei mesi, questi ricoveri sarebbero stati ingranditi in modo da contenere una compagnia (27-28 uomini) ognuno, ed assumere l'aspetto di veri e propri baraccamenti militari, provvisti di pareti, tetto e porte, collegati fra di loro mediante sentieri e protetti dalle acque mediante canali e fossi di scolo. Raggruppati a due a due, erano disposti razionalmente lungo una via principale, che nel mezzo si apriva per formare una vera e propria piazza d'armi. Alcuni locali furono adibiti a depositi per munizioni e a magazzini per i viveri. Questi ultimi non tardarono ad essere abbondantemente forniti di patate, rape, cavoli e perfino cereali che gli abitanti della valle, fuggendo, avevano abbandonato nei campi o nei granai. Per rendere l'avanzata del nemico più difficile, il perimetro difensivo venne circondato da un groviglio di alberi abbattuti. La struttura aveva solo un difetto, rappresentato dalla sua vulnerabilità al tiro delle artiglierie, che i francesi non avrebbero però schierato fino alla metà di maggio del 1690.

---

94   Martinat G., Il Grande capo di una grande impresa militare, Bollettino della società di studi valdesi, numero 72, settembre 1939, Torre Pellice, Società di Studi Valdesi. Pag. 47. https://archive.org/details/bollettinodellas7219soci.

Tra i vari lavori effettuati vi fu anche il ripristino del mulino dell'abitato di Balsiglia, la cui macina era stata buttata nel torrente tre anni prima da alcuni contadini costretti all'esilio. Tutti questi lavori furono compiuti dai valdesi in poco più di una settimana, i valdesi contando sulla protezione offerta dalla montagna e sulla neve, che avrebbe reso faticosi i movimenti dei nemici. I francesi, infatti, giunsero alla Balsiglia solo ai primi di novembre.

L'8 novembre, il generale brigadiere marchese de l'Ombraille, governatore del presidio di Pinerolo, avanzò contro l'abitato e l'altura del Castello con un contingente di circa 600 uomini. Favorite da una fitta nebbia, dopo avere forzato l'avamposto valdese di Gros Passet, le avanguardie francesi riuscirono a spingersi fino ai piedi dello sperone dei Quattro Denti. Qui iniziarono una manovra di avvolgimento con diverse colonne, da sud e da nord. Tuttavia, il preciso fuoco di fucileria dei difensori non tardò a smorzarne l'impeto, costringendole ad arrestarsi.

Contemporaneamente, partendo dal fondovalle, dopo aver occupato le case del borgo, i francesi attaccarono il Castello dal basso, tentando la scalata, ma furono ugualmente respinti, lasciando sul terreno una sessantina di morti.

Nel frattempo, era caduta una fitta nevicata che aveva iniziato a ostacolare notevolmente i movimenti della truppa e provocato numerosi casi di congelamento fra gli assalitori.

Ombraille, consapevole che una più lunga permanenza a quell'altitudine avrebbe solo rischiato di aggravare la già precaria situazione, non volendo esporre ulteriormente le sue truppe, decise di farle ripiegare su Maniglia e Perrero.

La ritirata dei francesi avvenne sotto gli attacchi continui dei tiratori valdesi che Arnaud aveva prontamente lanciato al loro inseguimento. Alcuni giorni dopo, i francesi tornarono a Massello per bruciare le case e i fienili, distruggere i mulini e gridare ai valdesi che sarebbero tornati a Pasqua a regolare i conti con loro.

Fatto questo, il comandante francese sospese momentaneamente le operazioni, ordinando il ritiro delle sue truppe e limitandosi a schierare guarnigioni nella parte inferiore della valle, nella speranza che dopo pochi giorni i resistenti si sarebbero arresi per la fame e il freddo. Ma questo non accadde, e i valdesi rimasero invece trincerati sulle loro posizioni, in attesa di un nuovo attacco.[95]

L'inverno dell'89 fu particolarmente nevoso e impedì alle truppe francesi di intraprendere qualsiasi ulteriore operazione contro la Balsiglia. Per sostentarsi, i valdesi, almeno inizialmente, si nutrirono con i pochi vegetali e il grano non mietuto che avevano trovato al villaggio.[96] In seguito, approvvigionamenti di ogni genere iniziarono ad arrivare, grazie alle continue incursioni effettuate a spese degli avversari nelle valli della Troncea, di Borsetto, a Maniglia, Perrero, Rodoretto, Prali e perfino a Pramollo e nell'alta val Pellice e del Guil.[97] Non appena le nevi lo consentirono, iniziarono a giungere anche le provviste portate dai mercanti del Delfinato, i quali non si facevano scrupoli a commerciare con i protestanti, sebbene fossero considerati fuorilegge dal loro re. Sulla Balsiglia, ai ribelli non mancava quindi nulla: cibo, vestiti, scarpe, denaro, nonché tabacco e acquavite, ma soprattutto polvere da sparo e stagno, quest'ultimo necessario per produrre le palle di fucile.

Malgrado la loro situazione rimanesse critica e senza un'apparente via d'uscita, durante l'inverno del 1689 i valdesi riuscirono a condurre a termine i loro progetti di rifornimento e di difesa ed a compiere anche alcune azioni dimostrative in territorio piemontese, quali l'assalto a Rorà e la distruzione del presidio di Sibaud, impressionando i sabaudi per la loro temerarietà e determinazione.

---

95   Idid. Pag. 48.
96   Quello che la neve disciolta dallo scirocco faceva affiorare dai campi abbandonati prima della mietitura.
97   Martinat G., Il Grande capo di una grande impresa militare. Op.Cit. Pag.49.

I francesi alla Balsiglia

Durante questo periodo, le condizioni logistiche delle truppe sabaude non erano molto migliori di quelle dei valdesi: mancavano armi e scarseggiano viveri, tanto che i soldati saccheggiavano i paesi, recando più danno dei ribelli stessi. Le truppe sabaude erano inoltre afflitte dal problema delle diserzioni, poiché i soldati non venivano pagati regolarmente e si sentivano di combattere per una causa estranea ai loro interessi.

Sempre sul fronte piemontese, le operazioni erano anche paralizzate da un dissidio di fondo negli alti comandi: mentre il Parella era fautore di una strategia di attacco con forte concentrazione di forze, per occupare le alture ed isolare le bande valdesi, altri comandanti propendevano per una politica più prudente e meno dispendiosa, basata sull'accerchiamento progressivo.

Negli ultimi mesi del 1689, si era assistito così ad un alternarsi di decisioni contraddittorie, da un lato erano stati avallati rastrellamenti in grande stile, come sulla Grande Guglia, e dall'altro deciso l'abbandono di posizioni strategiche, come le alture di Angrogna o Perrero, evacuate e lasciate ai ribelli.

A rendere più confusa la situazione contribuirono il quadro politico europeo e lo stato dei rapporti tra Vittorio Amedeo II e Luigi XIV. La sudditanza politica del duca di Savoia alla Francia borbonica stava ormai diventando intollerabilmente stretta al duca. Vittorio Amedeo II stava infatti segretamente allacciando rapporti con l'Impero e la Lega d'Augusta antifrancese e aveva di conseguenza interesse a rendere insicura e pericolosa per la Francia tutta l'area di confine.

La presenza della guerriglia sui monti, inoltre, permetteva a Vittorio Amedeo II di giustificare agli occhi di Versailles l'arruolamento di nuove truppe e, di conseguenza, di aggirare i limiti imposti da Luigi XIV, ottenendo così il duplice risultato di indebolire la Francia e rafforzare il Ducato di Savoia, esattamente l'opposto di quanto desiderato da Versailles.

Badando a non scontentare nessuno, nell'autunno del 1689, Vittorio Amedeo II aveva dato così ragione all'ambasciatore francese, quando aveva chiesto una rapida soluzione del conflitto, e avallato i piani d'attacco del marchese di Parella contro la Grande Guglia, ma poi, all'occorrenza, aveva anche assecondato le istanze degli altri alti ufficiali che premevano per un mantenimento dello *status quo*, e dei Cantoni svizzeri per un eventuale riesame della situazione valdese.

In realtà, man mano che passavano i mesi divenne sempre più evidente che il vero interesse di Vittorio Emanuele II non era la soluzione della questione valdese, ma il suo congelamento, in attesa che si realizzasse una sua scelta di campo. Questa iniziò a delinearsi a partire dalla primavera del 1690, quando in segreto la bilancia cominciò a pendere per un rovesciamento dell'alleanza con la Francia. Un rovesciamento che, da lì a breve, avrebbero portato il Ducato di Savoia a entrare nella Grande Alleanza al fianco della Lega d'Augusta, dell'Inghilterra e dell'Olanda.

I francesi, informati di queste trattative dalle loro spie, iniziarono a nutrire sospetti sempre più forti sulla lealtà di Vittorio Amedeo II. Luigi XIV rispose accrescendo la presenza militare francese in Piemonte, rafforzando le piazzeforti di Pinerolo e Casale e inviando nuovamente in Italia il generale Catinat.

Mentre i rapporti tra il Ducato di Savoia e la Francia andavano rapidamente deteriorandosi, la situazione nel remoto vallone di Massello precipitava.

Catinat, che si muoveva ormai già in una logica di prossimo conflitto, al fianco o contro il Ducato di Savoia, puntava immediatamente ad eliminare la spina nel fianco rappresentata dai valdesi e sin dalla primavera del 1690 aveva iniziato a raggruppare i reparti per l'azione contro la Balsiglia, con l'obiettivo di non lasciarsi alle spalle alcun elemento di disturbo nelle retrovie. Ai suoi ordini, il generale francese disponeva di varie unità, tra queste il reggimento di fanteria Plessis Bellière, un reparto esperto, reduce dei Pirenei, dove i suoi granatieri avevano sconfitto a Saint Paul nel Roussillon i micheletti spagnoli. Il reggimento Cambresis, sebbene levato solo nel settembre 1684, era solo apparentemente al suo primo impiego operativo, poiché formato dal 3° battaglione del reggimento Piemont, composto da veterani, ben addestrati e motivati. Il Vexin, anch'esso levato nel settembre 1684, era invece sì al suo primo impiego operativo. Queste tre unità erano tutte organizzate su un singolo battaglione e subito disponibili a Pinerolo. Poiché non erano sufficienti, a queste truppe Catinat aggiunse anche il 1° battaglione del reggimento La Sarre, di stanza a Gap, e fece dirottare anche alcuni reparti reduci delle campagne sul Reno, che sapeva in marcia verso Embrun e che consistevano nel 1° battaglione del reggimento Bourbon e nel reggimento Artois. A completamento di questa forza venne mobilitato

Stampa d'epoca della Balsiglia

anche il reggimento dragoni di Languedoc, con tre squadroni. Il Languedoc era un'unità al primo impiego operativo, anche se, rispetto alla fanteria, come tutti i reparti di dragoni, poteva già essere considerato un reparto d'élite. Oltre alle truppe di ordinanza, Catinat mobilitò per l'impresa anche un abbondante numero di miliziani della val Pragelato, Dora e del Queyras, perlopiù contadini, utili in quanto esperti conoscitori di quei monti.

Ogni corpo di fanteria lasciò a Pinerolo i suoi picchieri, in quanto giudicati inutili nelle operazioni in montagna. Possiamo quindi dedurre, considerando anche che all'epoca pochi erano i reparti a pieno organico, soprattutto quelli reduci dalle campagne militari, che il Catinat potesse probabilmente disporre di circa 2.500 fanti d'ordinanza, 3-400 dragoni, sempre di ordinanza e 1.400 miliziani. A questo si aggiungeva un contingente del Ducato di Savoia, comandato da M. la Roynette, dalla forza equivalente a quella tipica di un reggimento d'ordinanza sabaudo (circa 300 uomini), formato da unità tratte dai reggimenti di fanteria d'ordinanza Monferrato, Crocebianca e Chiablese.

Poiché Catinat sapeva quanto difficili sarebbero state le operazioni in quota, avendo già avuto esperienza dei medesimi luoghi durante l'invasione del 1686, la logistica venne particolarmente curata. Le truppe vennero fornite di polvere da sparo, miccia per moschetti e palle di piombo in grande quantità. Tende e attrezzature da campo vennero mandati al villaggio di Maniglia, vicino a Perrero, pronte ad essere utilizzate in quota. Si decise, invece, di non portare artiglieria, a torto giudicata inutile contro la guerriglia valdese.

Tra il 22 ed il 26 aprile, queste truppe vennero concentrate nella bassa val Chisone. Il grosso delle forze francesi si mosse da Pinerolo il 29 aprile e iniziò a risalire la val San Martino. Il 30, alle due del mattino, il reggimento Plessis-Bellière lasciò Pragelato muovendosi verso il colle del Pis, mentre il Vexin attraversava il passo dell'Albergian e il Cambresis risaliva il vallone di Bourcet puntando sul Colle Clapier.

Di fronte a un tale dispiegamento di forze, i valdesi furono costretti a ritirarsi verso la Balsiglia. In questo modo, il 30 aprile, marciando tra i colli ancora coperti di neve, i primi reparti francesi poterono giungere a contatto visivo con il colle dei Quattro Denti, senza incontrare resistenza.

Per dirigere le operazioni, il Catinat stabilì il suo quartier generale a Gros Passet, un abitato poco distante dalla Balsiglia, dal quale si poteva avere un'ottima visuale sul colle dei Quattro Denti e sul Castello. Il 2 maggio, il generale ordinò di sferrare due attacchi simultanei, uno dall'alto, dalla cresta dei Quattro Denti, e uno a mezza costa, partendo dal basso, dal torrente Ghinivert. La direzione delle operazioni sul campo venne affidata al colonnello Francois Albert de La Broque, comandante del reggimento La Sarre.

Dall'alto avrebbero dovuto operare i reggimenti francesi Plessis-Belliére, Vexin, Cambresis e il gruppo sabaudo comandato dal Roynette. Questi reparti avrebbero avuto il compito di tagliare ogni via di fuga verso l'alto e di attaccare da tergo le difese valdesi, con l'obiettivo di provocarne il collasso.

Dal basso il compito di attaccare le difese valdesi sarebbe spettato ai fanti dei reggimenti Artois, Bourbon, La Sarre. Da ogni reggimento di fanteria vennero distaccati i granatieri che andarono a formare un battaglione di formazione, di circa 400 uomini, al comando del tenente colonnello Parat, comandante del reggimento Artois, con il compito di aprire la strada al resto delle truppe, mentre ai dragoni di Languedoc venne assegnato il compito di affiancarli. L'attacco simultaneo dal basso e dall'alto avrebbe potuto sortire qualche effetto, se tutto avesse funzionato secondo i piani. Ma le cose non andarono proprio come previsto.

Il 2 maggio le operazioni iniziarono alle 8.00 del mattino, sotto un'incessante pioggia che, presto, si trasformò in neve. I reparti che avrebbero dovuto attaccare il Pan di Zucchero, la cima più alta dei Quattro Denti, erano già stati fatti accampare in altura sin dal giorno prima. Per fare questo, le colonne francesi avevano dovuto effettuare una dura marcia lungo percorsi di cresta a oltre 2.000 metri di quota, sotto una neve che non aveva mai smesso di cadere. Provati da una gelida nottata in quota, senza ripari e senza la possibilità di accendere fuochi di bivacco, i francesi riuscirono però a raggiungere le posizioni assegnate solo alle due del pomeriggio. In piena tormenta, constatato che la neve caduta era in quantità e consistenza tali da far sprofondare i soldati fino alla cintola, il brigadiere generale du Plessis-Bellière, comandante delle forze incaricate di attaccare le posizioni del Pan di Zucchero, decise di desistere e fece ritirare le sue truppe.

Consapevole della mancanza di movimenti visibili da parte delle truppe in altura, Catinat diede ordine al de la Broque di far attaccare comunque le sue truppe dal basso.

In basso, l'attacco si concentrò sui trinceramenti alla sommità della scarpata che dalla sinistra scendeva verso il torrente Ghinivert. Tuttavia, la ricognizione preliminare effettuata dai francesi sottovalutò l'insidiosa presenza degli alberi abbattuti e la qualità dei trinceramenti allestiti dai valdesi.

Ignari di quello che stava accadendo in altura, i granatieri francesi raggiunsero la base della scarpata erbosa del torrente Ghinivert e da lì iniziarono una difficile risalita in fila indiana, attraverso uno stretto sentiero, con il compito di aprire la strada alle altre forze che avrebbero attaccato da sud.

Superato un ultimo fosso, i granatieri poterono avvicinarsi senza incontrare resistenza sino all'inizio degli alberi abbattuti, ma non appena tentarono di smuovere i tronchi, vedendoli impigliati nei rami, i valdesi li accolsero con lanci di sassi e scariche di fucileria, la cui cadenza andò rapidamente aumentando, fino a raggiungere una potenza di fuco tale da divenire insostenibile. Arnaud aveva avuto cura di collocare alle feritoie i tiratori più abili, quelli più anziani, e di assegnare ad ognuno di essi un giovane per ricaricare immediatamente i fucili, cosicché il fuoco poté continuare senza interruzione.

A peggiorare la situazione per i granatieri francesi sopraggiunse la mancanza totale di fuoco di copertura, a causa dell'umidità e della caduta della neve, che aveva reso inutilizzabili micce e polvere da sparo. Così, nel giro di mezz'ora, una quarantina di granatieri vennero fulminati sui tronchi. Tra i feriti durante lo scontro vi furono lo stesso colonnello De La Broque e il tenente colonnello Parat, il quale, ricevuta una palla alla coscia e a una al braccio, rimase immobilizzato a terra.[98] Due sergenti lo soccorsero, trascinandolo vicino ad una rupe al riparo dai tiri di fucileria dei valdesi. Dopo una mezz'ora di fuoco serrato, gli uomini di Arnaud contrattaccarono, finendo quanti poterono a colpi di spada e obbligando il resto dei nemici alla fuga. Durante gli scontri, i francesi lasciarono sul terreno 150 granatieri, senza che i valdesi lamentassero perdita alcuna. Rimasti padroni del campo, i valdesi effettuarono un rastrellamento dell'area, raccogliendo quanto abbandonato sul posto dai francesi, compresi armi, munizioni, indumenti ed effetti personali dei caduti.

Durante questa operazione non ci misero molto a scoprire Parat nel suo nascondiglio. Urlando il suo nome e promettendo un riscatto in denaro, l'ufficiale francese riuscì però ad avere momentaneamente salva la vita. Separato dai due sottufficiali che poco prima lo avevano soccorso, i quali vennero immediatamente giustiziati, Parat venne quindi tradotto all'interno del campo. Qui, dentro una baracca, il prigioniero subì una perquisizione, durante la quale, nelle sue tasche, vennero rinvenuti gli ordini del Catinat.

L'ufficiale francese rimase stupito di non trovarsi di fronte una masnada di banditi, ma un esercito in perfetto ordine con ufficiali gallonati e sergenti addestrati. Trattato con la massima civiltà poté farsi curare da un chirurgo e servire da un valletto, che aveva fatto richiedere ai suoi, e che i valdesi non ebbero alcuna difficoltà ad accogliere nelle loro linee. I valdesi avrebbero voluto utilizzare Parat in previsione di uno scambio con i ducali, per ottenere la liberazione di alcune personalità di spicco del mondo valdese, detenute a Torino. Ma fallito il negoziato, l'ufficiale sarebbe stato in seguito ucciso nelle fasi conclusive dell'assedio. Fallito l'attacco, Catinat rientrò al quartiere generale di Gros Passet e, la sera stessa, con lealtà di soldato, scrisse al Louvois per informarlo della grave sconfitta e della necessità di trattare la posizione nemica alla stregua di una piazzaforte, bloccandola e distruggendone le opere coi cannoni.

Il mattino seguente, mentre francesi e savoiardi si ritiravano a Perosa, Arnaud fece decapitare i cadaveri morti ed infiggerne le teste al sommo delle palizzate: un'orrendo spettacolo offerto al nemico, a dimostrazione della sua inflessibile volontà di lottare fino all'estremo, senza dare né chiedere quartiere. Questo gesto che, apparentemente poco cristiano, va, ovviamente, interpretato nel contesto storico e di violenza in cui avvenne.[99]

Il Catinat non ebbe però tempo di riprendere l'offensiva, perché, trasferitosi a Pinerolo, il 5 maggio ricevette le ultime istruzioni di Luigi XIV circa i pegni da chiedere al Duca di Savoia: occupazione della cittadella di Torino, della fortezza di Verrua e della città di Vercelli, a garanzia della sua alleanza con la Francia.

Tali ordini ingiungevano al Catinat di prendere il controllo del Piemonte e di mettere fine una volta per tutte al doppio gioco sabaudo. Il generale francese chiese dunque a Vittorio Amedeo II anche il permesso formale di far attraversare il territorio piemontese alle sue truppe, per portarle sul fronte di Lombardia.

Poiché questo equivaleva ad aprire le porte ad un'occupazione militare francese del Ducato di Savoia, Vittorio Amedeo II comprese che l'ora delle scelte era ormai giunta. Tuttavia, siccome i suoi contatti con i Cantoni svizzeri e con il governatore di Milano erano avviati ma non ancora conclusi, occorreva temporeggiare con i francesi e concluderli al più presto.

98   Martinat G., il Grande capo di una grande impresa militare, in Bollettino della Società di Studi Valdesi, Torre Pellice, numero 72, settembre 1939. Pag. 54.
99   Ibid. Pag. 55.

Vittorio Amedeo II decise quindi di mandare a Versailles un inviato speciale con un'ingannevole assicurazione di una piena sottomissione al re Francia, mentre i suoi ambasciatori ricontattavano quelli di Guglielmo III e dell'imperatore Leopoldo I d'Asburgo. Il 9 maggio, Vittorio Amedeo II concedeva, quindi, alle truppe francesi l'ingresso nel ducato, permettendo al Catinat di accamparsi ad Avigliana, alle porte di Torino, mentre ritirava le sue truppe dalle Valli e affidava al marchese di Parella il comando della piazza di Torino, in previsione del peggio.

Il 20 maggio il Catinat, avendo chiare le trame segrete del duca, gli intimava anche la cessione della fortezza di Torino; il duca rispondeva ancora una volta tergiversando. In risposta l'esercito francese si spostava allora a Carignano sul Po, avvicinandosi pericolosamente alla capitale del Ducato.

Prima di lasciare Pinerolo, Catinat nominò il generale Antoine Manasses de Pas, marchese de la Feuquires, comandante di tutte le truppe del pinerolese, con l'obiettivo di eliminare qualsiasi resistenza nelle retrovie.

Ignari di questi frenetici movimenti militari e diplomatici, i 370 valdesi assediati alla Balsiglia, continuando ad assistevano impotenti ai preparativi dell'assedio che i francesi, sotto la guida del nuovo comandante.

Dopo avere bloccato i valdesi da ogni lato per 10 giorni, il 20 maggio il marchese de la Feuquières tornò sotto le difese della Balsiglia con poco più di 3.000 uomini (divisi in circa nove reggimenti, quattro dei quali d'ordinanza, quattro di miliziani e un distaccamento di 400 uomini della guarnigione di Pinerolo, della forza pressappoco analoga a quella di un reggimento). Questa volta però, i francesi non mancarono di portarsi dietro anche due grosse colubrine da otto libbre, un mortaio da quattro libbre e un paio di falconetti per battere le difese avversarie, nonché materassi di lana e fascine di ramaglie che gli assedianti avrebbero dovuto spingere davanti a loro durante l'attacco al trinceramento valdese.

Secondo il piano elaborato dal de la Feuquières, le truppe avrebbero dovuto attaccare divise in quattro colonne da due reggimenti ciascuna. Ogni colonna avrebbe dovuto essere costituita da un reggimento di truppe regolari, destinato a sostenere all'urto principale, e uno di milizie, con il compito di supportare l'attacco con fuoco di copertura.

La prima di queste colonne, composta dal reggimento Artois, con il sostegno del reggimento Bourzanel, doveva puntare direttamente al Castello, partendo dall'abitato di Balsiglia (direzione est- ovest).

La seconda colonna, composta dal reggimento Bourbon, con il sostegno del reggimento de Poudens, doveva attaccare il fianco sud della posizione (direzione sud-nord) ed impadronirsi del posto di vigilanza detto di sinistra.

La terza colonna, composta da gran parte del reggimento de La Sarre, con il sostegno del reggimento la Costange, doveva attaccare da Ciò da Mian (direzione nord-sud) ed occupare i due posti di vigilanza detti di destra.

La quarta colonna, la più grande, composta dal reggimento de Clérambault, seguito dal reggimento de La Boissiere e rinforzato da 200 uomini del La Sarre e da 400 contadini incaricati del trasporto di due falconetti e di vari archibugi a forcella, doveva investire i Quattro Denti dall'alto, passando per le falde del Monte Pelvo.

La sera del 22 maggio le truppe raggiunsero le basi di partenza per l'attacco. I due cannoni da otto libbre vennero posizionati sulle pendici nordorientali del torrente Ghinivert, con il compito di battere le difese più alte del campo trincerato valdese (fronte di gola), in corrispondenza dell'ultimo dei Quattro Denti. Il mortaio da quattro libbre, invece, venne alloggiato su una speciale piattaforma dotata di pattini e protetta da un parapetto di fascine, sulla sponda destra del torrente Ghinivert, con il compito di aprire una breccia nel muro esterno del Castello e aprire la strada alla prima colonna. I due falconetti, più leggeri, vennero invece

Il forte di Santa Maria di Luserna a Torre Pellice in una stampa d'epoca.

posizionati sulle pendici del Monte Pelvo, prospicienti le ridotte dei Quattro, Denti per preparare ed appoggiare l'assalto della colonna Clérambault.

Inizialmente l'attacco avrebbe dovuto essere sferrato contro il Castello dalla prima e dalla seconda colonna. Appena raggiunto questo primo obbiettivo, anche le rimanenti colonne avrebbero dovuto attaccare gli obiettivi loro assegnati. L'idea era quella di impegnare contemporaneamente i valdesi da ogni lato ed impedire loro qualsiasi manovra.

La mattina del 23 maggio, quando ormai tutto era pronto per l'attacco, de la Feuquières fece proporre ad Arnaud la liberazione del tenente colonnello Parat, prigioniero nel campo valdese sin dal 2 maggio, dietro pagamento di un riscatto. Arnaud rifiutò l'offerta, chiedendo invece la liberazione di alcuni prigionieri valdesi.[100] Questa contro-proposta sortì solo l'effetto di irritare de la Feuquières, il quale replicò chiedendo la resa dei valdesi. In seguito al reciso rifiuto da parte di Arnaud. La parola passò alle armi e il resto della giornata fu quindi impiegato dai Francesi per saggiare la resistenza dei difensori, disporre i reparti a distanza d'assalto e bombardare con le artiglierie.

Il 24 maggio, prima dell'alba il reggimento Bourbon e il mortaio vennero posizionati sulla riva destra del torrente Ghinivert, a pochi metri dal trinceramento esterno del Castello. Dopo che

---

100   i pastori Moutoux e Bastia, il medico chirurgo Malanot e l'armaiolo Martinat.

l'artiglieria ebbe battuto inesorabilmente le posizioni valdesi, distruggendo ricoveri e aprendo varchi nei muri a secco, all'alba i francesi iniziarono ad avanzare verso il Castello da più direzioni. Le forze valdesi, che in quel momento assommavano a soli 330 uomini - perché un distaccamento di una quarantina di uomini[101] era stato inviato in val Chisone per il periodico rifornimento di viveri e non aveva ancora fatto ritorno - opposero dappertutto una tenace resistenza.

Per tutto il giorno i due eserciti si contesero il terreno di balza in balza, di trincea in trincea, ma questa volta i valdesi, sotto la pressione degli attaccanti dovettero progressivamente ritirarsi su per il pendio e i boschi, fino alla ridotta del Pan di Zucchero. Il combattimento continuò fino al calar della notte, quando i due opposti schieramenti si fermarono, rimanendo sulle rispettive posizioni, che presto vennero avvolte nella nebbia.

I valdesi, stanchi e privi di acqua e cibo, erano ormai quasi accerchiati e, nonostante la scarsa visibilità, potevano intravedere tutto intorno a loro i fuochi dei bivacchi accesi dai francesi, ormai solidamente impiantati nel Castello.

Tuttavia, fu a questo punto che il capitano Tron-Poulat, oriundo della Balsiglia ed esperto cacciatore, propose che tutti gli uomini validi lo seguissero attraverso un ripido burrone che una precedente ispezione gli aveva fatto riconoscere come unica via di scampo. Perché un simile piano avesse successo, occorreva però ingannare il nemico e, mentre avveniva lo spostamento, fargli continuare a credere di essere ancora sulle proprie posizioni. Prima di abbandonare il campo, i valdesi accesero, quindi, grandi fuochi attorno alla loro cima rocciosa e toltisi le scarpe per evitare ogni rumore, lasciarono le loro posizioni insinuandosi nel vallone di Ghinivert. Protetti dal buio e dalla nebbia, scivolarono così silenziosi come fantasmi in mezzo alle linee francesi, lungo una parete quasi impraticabile, senza essere notati.

Quando all'alba, dalle loro postazioni, i francesi avvistarono la colonna dei fuggiaschi, questi erano ormai già in altura, sulle nevi dell'alpe del Ghinivert. Si lanciarono al loro inseguimento, che durò alcuni giorni, dalle alture di Rodoretto allo spartiacque fra la val Pellice e la val San Martino.

Il 27 maggio i valdesi valicarono il colle Las Ara e, piombando all'improvviso su Pramollo, dove annientarono una guarnigione ducale e catturarono un capitano e tre subalterni, che vennero però risparmiati e fatti prigionieri, probabilmente per essere utilizzati come ostaggi. Avendo subito diverse perdite durante lo scontro della Balsiglia, i valdesi erano rimasti ormai in circa trecento, ma avevano ancora la conoscenza dei luoghi e, soprattutto, ma questo non potevano ancora saperlo, ormai si stava materializzando quell'evento insperato che avrebbe mutato radicalmente la posizione del ducato nei loro confronti. Il 28 maggio, infatti, il comandante del forte di Santa Maria di Torre, Vercellis, prese contatto con i fuggiaschi sulle alture di Pramollo, proponendo loro una tregua e, a prova della sua buona fede, fece loro arrivare i prigionieri liberati dalle carceri di Torino, viveri e munizioni.

Vittorio Amedeo II aveva ormai fatto la sua scelta di campo, operando quel ribaltamento delle alleanze a lungo ponderato, e si sentiva ora pronto a giocare il tutto per tutto per affrancarsi dal ruolo di vassallo del re di Francia e giocare una parte di primo piano sulla scena politica europea. Con le truppe del Catinat già all'interno del Ducato, era una scelta estremamente rischiosa, perché lo esponeva al pericolo di trasformarlo in una sorta di nuovo Palatinato.[102]

---

101   Op, Cit. Pag. 57.
102   Durante il conflitto tra Francia e Sacro Romano Impero, per ordine di Luigi XIV, la regione del Palatinato venne occupata e profondamente devastata dalle truppe francesi, tra il settembre 1688 e l'agosto 1689. La distruzione del Palatinato, nota anche coe "il sacco del Palatinato", rappresentò una sconfitta politica

Tuttavia, fatta la pace con i valdesi, non gli rimaneva ora che siglare gli accordi con i nuovi alleati. Questo avvenne il 3 giugno, con gli spagnoli, e il 4, con gli imperiali. Il 5 giugno, Vittorio Amedeo II poté così far giungere la dichiarazione di guerra alla Francia, fra le acclamazioni dei nobili nel palazzo ducale e del popolo per le strade.

Per i valdesi tutto questo significava la fine di un incubo e la possibilità di fare ritorno nelle valli in modo pacifico, come sudditi del loro legittimo sovrano.

Per tutta la durata della guerra combattuta dal Ducato di Savoia al fianco degli imperiali, che durò fino al 1697, i valdesi acquisirono un ruolo strategico e politico di primaria importanza, sia per la loro particolare posizione geografica, lungo la via di transito principale utilizzata dalle truppe francesi per entrare in Italia, sia perché permisero al Ducato di Savoia di contare su una milizia estremamente efficace nella guerra in montagna, in grado di misurarsi con truppe regolari di prim'ordine come quelle francesi.

Non a caso, tra i primi provvedimenti emanati da Vittorio Amedeo II vi sarebbe stato proprio quello del potenziamento della milizia valdese, mediante l'utilizzo dei valdesi ancora presenti nelle carceri piemontesi, quelli esiliati in Svizzera e Germania e di tutti i volontari ugonotti che si fossero resi disponibili.

Questa scelta si sarebbe in seguito rivelata estremamente felice, in quanto nel corso della guerra i valdesi non solo avrebbero condiviso con i sabaudi le battaglie campali più sfortunate, come quella di Staffarda e della Marsaglia, ma anche gli assedi più sanguinosi e vittoriosi, come quello di Cuneo, anche se questi avrebbero sempre dato il loro meglio nelle azioni di disturbo contro le truppe francesi lungo la catena alpina, come la penetrazione valdese nel Queyras del 1692.

Durante la guerra della Grande Alleanza i valdesi furono ricompensati con il riconoscimento ufficiale del loro culto e del relativo diritto di rimpatrio nelle valli, nonostante l'opposizione del papa e delle potenze cattoliche.

Tuttavia, una volta terminata la guerra, il Ducato di Savoia, rientrato in possesso di Pinerolo e della val Chisone, si impegnò con la Francia a impedire i rapporti tra valdesi del Ducato di Savoia e sudditi francesi della val Pragelato e a vietare l'insediamento di questi ultimi nelle valli.

Queste misure vennero inasprite con l'editto ducale del luglio 1698, nel quale si ordinava l'espulsione di tutti i sudditi francesi riformati, valdesi o ugonotti, dalle terre ducali e con una serie di altre politiche restrittive, volte a isolare la comunità valdese all'interno dei confini delle proprie valli, che venivano così trasformate in una sorta di ghetto alpino.

Nonostante questo, il legame tra valdesi e Vittorio Amedeo II non si sarebbe più rotto. Questo sarebbe emerso chiaramente durante la guerra di successione spagnola, quando, il 7 luglio 1706, mentre le truppe francesi invadevano il Piemonte e cingevano d'assedio Torino, il duca giungeva a Bibiana, alle porte della val Luserna, tallonato dalle truppe francesi. Al suo inseguimento si gettò il generale La Fouillade, comandante delle armate francesi in Piemonte, che aveva abbandonato momentaneamente Torino per seguire di persona la sua cattura, consapevole dell'importanza che questa operazione aveva per l'esito dell'intera guerra.

Davanti all'estremo pericolo, per sfuggire all'inseguimento, il duca si rifugiava allora nella val Luserna, entrando nell'abitato omonimo. Incalzato dalle truppe francesi, discendeva dal colle di San Giovanni e, protetto da 34 compagnie di valdesi, sfuggiva alla cattura e si rifugiava a Rorà, proprio nel villaggio "simbolo" della resistenza valdese del 1655.

---

per la Francia, perché ebbe come risultato quello di coalizzare la maggior parte degli stati tedeschi con l'Austria, l'Olanda e L'Inghilterra dando così impulso alla Grande Alleanza anti-francese.

Da Rorà, il giorno successivo poté fare ritorno a Luserna, per poi assistere dal poggio Delle Barriole al furioso combattimento del 17 luglio, in cui il deciso assalto dei francesi attraverso i castagneti, i campi e le vigne della collina, veniva prima fermato e infine travolto dalle truppe valdesi.

Gli scontri tra valdesi e francesi durarono per oltre una settimana, finché l'arrivo in Piemonte del principe Eugenio di Savoia, il cugino di Vittorio Amedeo II, alla guida delle truppe austriache non ribaltò la situazione.

Riunitosi con Eugenio di Savoia a Carmagnola, Vittorio Amedeo II riuscì il 7 settembre 1706 a infliggere ai francesi che assediavano Torino una dura sconfitta, liberando così il Ducato di Savoia, che, con il trattato di Utrecht venne elevato a Regno.

Questo episodio cementò la fedeltà dei valdesi verso i Savoia, i quali però per tutto il '700 avrebbero sempre continuato ad applicare alle valli una politica di contenimento e di rigida applicazione delle leggi limitanti la loro libertà al di fuori delle valli.

Solo a partire dal 1792, con l'occupazione della Savoia e del Piemonte da parte dell'esercito rivoluzionario francese e poi di Napoleone Bonaparte, i valdesi sarebbero stati sciolti dai loro vincoli e condotti alla completa emancipazione. Dopo la caduta di Napoleone, i valdesi avrebbero riacquistato la piena libertà giuridica durante il regno di Carlo Alberto di Savoia, ma solo con lo Statuto Albertino, nel 1848.

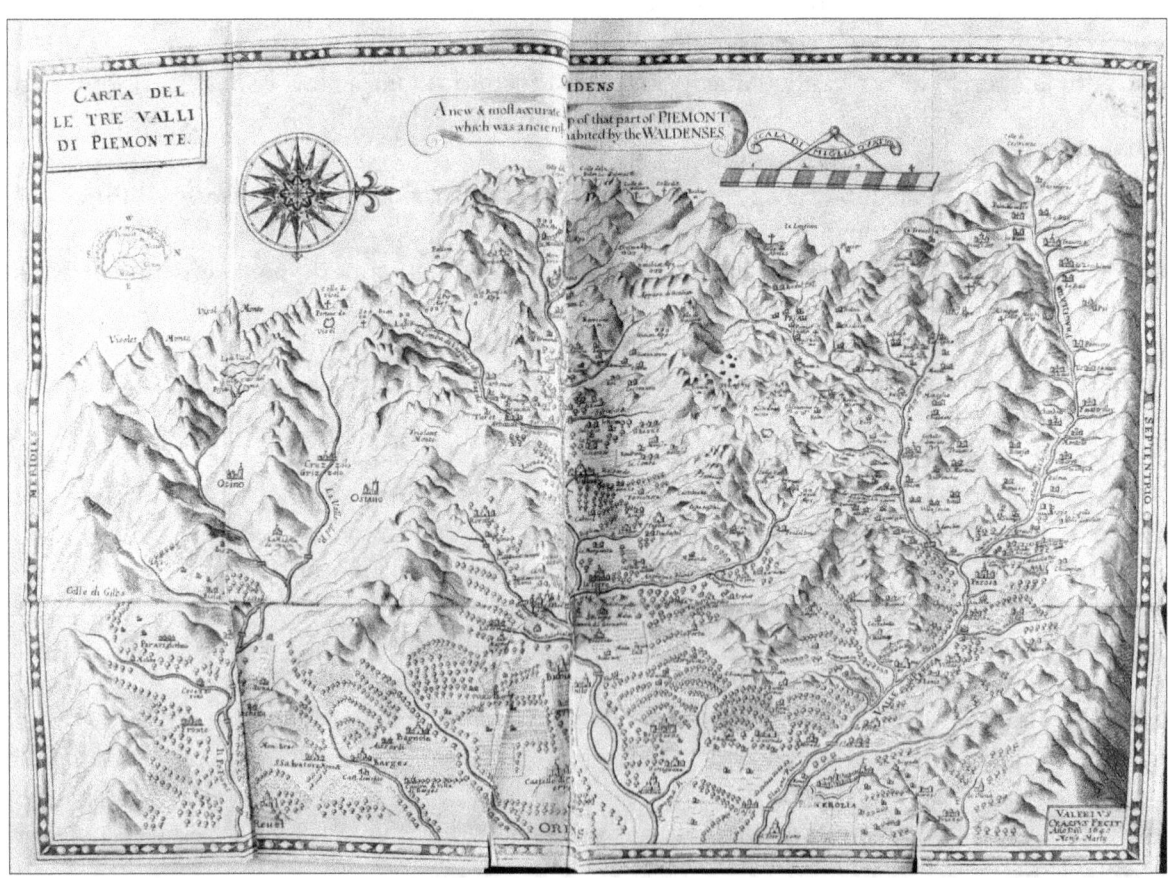

La carta delle valli valdesi

5. LE VALLI VALDESI OGGI

Immagine dell'alta val Chisone foto flickr.com/Raffaele Sergi

Il territorio delle valli valdesi del Piemonte è oggi composto dalla val Chisone, dalla val Pellice (con le sue diramazioni della val Luserna e val d'Angrogna) e dalla val Germanasca (ex val San Martino). Le ultime due valli hanno cambiato denominazione durante il periodo napoleonico, secondo la prassi francese di nominare le valli con il nome del corso d'acqua che vi scorreva nel fondovalle.

Sebbene i valdesi siano oggi sparsi un po' in tutta la penisola italiana e presenti in Svizzera, Argentina e Uruguay, oltre un quarto di loro (circa 11.000 individui su 41.000) continua a concentrarsi nelle loro valli storiche del Piemonte.

Molti borghi in altura sono ormai pressoché quasi completamente disabitati o non stabilmente abitati e spesso utilizzati solo come luoghi di villeggiatura. Questi paesi mantengono però ancora il fascino di quel periodo e sono pienamente accessibili e visitabili.

Torre Pellice (l'antica Torre) è il centro principale delle valli e rappresenta una sorta di centro spirituale per tutta la comunità valdese. Sopra Torre Pellice si trovano ancora alcuni ruderi del forte di Santa Maria di Luserna, costruito nel 1655 sulle rovine di un preesistente castello munito di una grande torre, dalla quale deriva il nome del paese. Il forte è stato minato e parzialmente distrutto nel 1690, durante la guerra tra la Francia e la Grande Alleanza. Quanto è tutt'oggi visibile della fortificazione sulla collina di Torre Pellice è in parte una ricostruzione avvenuta nel 1821, le mura originali sono solo quelle che danno sulla Valle di Angrogna.

A Bobbio Pellice, a quota 1410 metri s.l.m. si trovano ancora alcuni resti del forte di Mirabouc, opera strategica che un tempo era posta al confine con la Francia e che chiudeva a questa l'accesso alla val Pellice. Durante le guerre contro i valdesi, il forte venne utilizzato come pri-

gione e ricovero per le guarnigioni inviate a contrastare la guerriglia di Janavel. Successivamente, a partire dal 1690, dopo la riconciliazione tra il ducato e i valdesi, il forte venne assegnato alla gestione dei "barbetti", come venivano soprannominati i valdesi in quel periodo, i quali avrebbero mantenuto la funzione penitenziaria della struttura, ma solo per la delinquenza comune e i disertori. Il forte venne distrutto nel 1794 durante la ritirata delle forze rivoluzionarie francesi, momen-

Angrogna a 742 metri s.l.m., foto flickr.com/Raffaele Sergi.

taneamente penetrate in val Pellice e, in seguito, mai più ricostruito, poiché soppiantato dalla più grande e imponente fortezza di Fenestrelle.

Non distante da Luserna San Giovanni (unione degli antichi abitati di Luserna e San Giovanni) e Torre Pellice si incontra la Gianavella, struttura che fu la casa appartenente a Giosué Janavel. La casa, oggi trasformata in un museo e visitabile, si affaccia sulla valle di Rorà, dove avvenne uno degli episodi più eroici e disperati della resistenza valdese durante le Pasque Piemontesi del 1655. La casa, dopo essere stata utilizzata come base da Janavel per organizzare la resistenza e respingere gli invasori, durante la guerra dei banditi (1663-1664) fu teatro di assedi e battaglie, di cui reca tangibili testimonianze, tra le quali l'antro scavato nella roccia viva dallo stesso Janavel, come estremo rifugio per sfuggire alla cattura.

Più a Nord-Ovest di Rorà, in val San Martino, vi è la Balsiglia. Il villaggio è attualmente una frazione praticamente disabitata del comune di Massello, il quale con i suoi 53 abitanti è oggi uno dei comuni più piccoli d'Italia. Alla Balsiglia si può visitare il luogo degli scontri tra i valdesi e i francesi del Catinat nel 1686 e nel 1690. Su una gobba del monte Dei Quattro Denti, chiamata il Castello, è presente un museo che testimonia queste vicende.

Stampa ottocentesca della Balsiglia

BIBLIOGRAFIA

LIBRI

-AA.VV., I valdesi. Un'epopea protestante, Firenze, 1989. Allegato in Storia e Dossier, n. 31, luglio-agosto 1989.

-Arnaud Henri, Historie de la Gloreuse Rentrée des Vaudois dans leurs Vallées, Ginevra, J-G. Fick, 1710.

-Barjaud Yves, Les Hussards, trois siècles de cavalerie légère en France, Lausanne, Caracole, 1988.

-Bianchi Paola, La riorganizzazione militare del Ducato di Savoia e i rapporti del Piemonte con la Francia e la Spagna. Da Emanuele Filiberto a Carlo Emanuele II, in García Hernán Enríque, -Maffi Davide, Guerra y Sociedad en la Monarquía Hispánica, vol. I, Madrid, Ediciones del Laberinto, 2006.

-Botta Silvestri Carlo Giuseppe Guglielmo, Storia d'Italia continuata da quella del Guicciardini sino al 1814, Volume 2, Milano, Giovanni Silvestri, 1843.

-Casalis Goffredo, Dizionario Geografico Storico statistico commerciale degli stati di S.M. il re di Sardegna, Vol. XIV, Torino. G. Maspero Libraio, 1846.

-Cerino-Badone Giovanni, Il piccolo grande gioco: i valdesi alla Basiglia, in AA.VV., Université de Savoie LLSETI, La montagne Pouvoir et conflicts de la antiquité, livre n. 18, settembre 2011.

-Chartrand Renè, Louis XIV's army, London, Osprey publishing, 1988.

-Claretta Gaudenzio, Storia di Carlo Emanuele II, Tomo I, Genova, Luigi Ferrari, 1877.

-Ferrero Della Marmora Alberto, Notizie sulla vita e sulle gesta militari di Carlo Emilio S. Martino di Parella, Torino, Fratelli Bocca Librai, 1863.

-Hugon Augusto Armand, Rivoire Enrico Alberto, Gli esuli valdesi in Svizzera, 1686-1690, Collana della Società di Studi Valdesi, n.7, Torre Pellice, Società di Studi Valdesi, 1974.

-Jalla Ferruccio, Giosué Gianavello (1617-1690), Torre Pellice, Società di Studi Valdesi, 1991.

-Jordan Luis, Compendio de Historia de los Valdenses, Firenze, Claudiana, 1901.

-Léger Jean, Histoire General des Eglises Evangeliques des Vallees de Piedmont, ou Vaudoises, Leida, Jean Le Carpentier, 1669.

-Lepage Jean Denis G.G., French military under Louis XIV and illustrated history of fortifications and strategies, Jackson, McFarland, 2010.

-Lynn John A., Giant of the Grand Siècle: The French Army, 1610-1715, Cambridge, Cambridge University Press, 2006.

-Lynn, John A., The Wars of Louis XIV 1667-1714, London and New York, Routledge, 2013.

-Lynn, John A., The French Wars 1667-1714, London, Bloomsbury Publishing, 2014.

-Morland Samuel, The History of the Evangelical Churches in the valleys of Piedmont, London, Henry Hills, one of His Highness's printers, 1658.

-Molnár Amedeo, 'Augusto Armand Hugon, Storia dei Valdesi: Dall'adesione alla Riforma all'emancipazione (1532-1848), Torino, Claudiana, 1974.

-Muston Alexis, The Israel of the Alps, a History of the Waldenses, Vol. 1, London, Blakie & Son, 1875.

-Pascal Arturo, La prigionia dei valdesi, Torre Pellice, Società di Studi Valdesi, 1944.

-Reineri Maria Teresa, Anna Maria d'Orleans: regina di Sardegna duchessa di Savoia, Saint-Cloud 27 agosto 1669 - Torino 26 agosto 1728, Torino, Centro Studi Piemontesi, 2006.

-Thurloe John, A., Collection of the State Papers of John Thurloe, December 1654 to September 1655, London, Thomas Woodward and Charles Davies, 1742.

ARTICOLI

-Bonelli Ernesto, "La primogenitura", in Informazioni della difesa, n.4, luglio-agosto 2008.
-Martinat Giulio, Il grande capo di una grande impresa militare, in Bollettino della società di studi valdesi, n.72, settembre 1939.
-Pascal Arturo, Le Valli valdesi negli anni del martirio e della Gloria (1685-1690), in Bollettino della società di studi valdesi, n. 109, giugno 1961.

SITI WEB

-Aldo Mori, Armi, l'enciclopedia delle armi. Indirizzo: http://www.earmi.it/balistica/cannoni.htm
-Antonino Mozzicato, Storia dell'arma di artiglieria, Bracciano, Associazione Nazionale Amici della Scuola di Artiglieria, 2007. Articolo online al seguente indirizzo web: http://www.scuoladiartiglieria.it/a_asso/Conferenze/2007_Storia_Arma_Artiglieria.pdf

DOCUMENTI

Ducato di Savoia, Regolamento Nuova costituzione dell'Officio Generale del Soldo di Sua Altezza Reale, Torino, MDCCIX (1709).

La montagna dei valdesi..